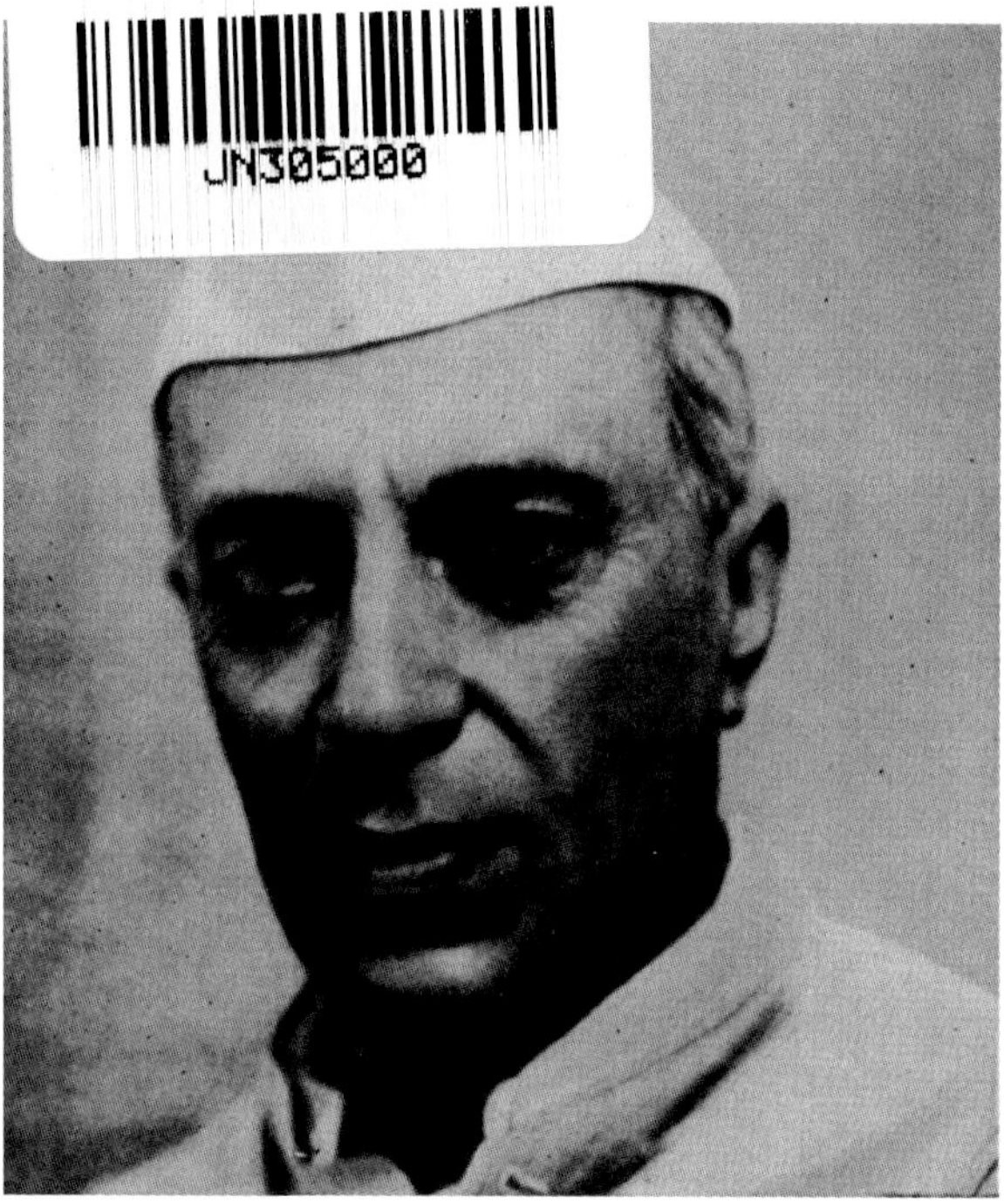

インド独立当時のネルー

ネルー

●人と思想

中村平治著

32

CenturyBooks 清水書院

ネルーについて

大衆の時代と指導者

二〇世紀は大衆の時代である、といわれている。それは、現代の世界を動かしているものは、どんな曲折があろうとも、結局のところ大衆、いいかえれば働く大衆である、ということを意味しているのであろう。その方向を一番切実に感じさせた事件は一九一七年のロシアにおける社会主義革命の成功であった。ロシアの勤労大衆はみずからの選択に基づいて新しい国家ソビエトをつくりあげる機会を得たのである。また、第二次世界大戦後、インドを含めたアジア・アフリカの諸民族もいっせいに立ちあがった。昨日まで歴史の裏街道を歩かされてきた、この地域の民衆が、いち早く民族の独立と革命をめざして、歴史の正面舞台に登場したのである。わたくしたちが、このような歴史の流れから目をそらして、現在と現在につらなる未来を語ることは文字通りに不可能であろう。

このように、大衆が歴史の主体であるとすれば、大衆の指導者の役割という問題はどのように考えられるべきであろうか。たしかに歴史の進行はひと握りの特権的な階級にぞくする人々を次々に振り落とし、没落させてきている。しかし、これは、民衆の本当の利益を守り実現していく指導者の役割が一段と重要になってきている事実をいささかでも否定するものではない。つまり、働く民衆が歴史の主役である事実を認めたうえで、歴史の推進役を受けてたつ指導者の役割の重要性にわたくしたちは注意をむけなければならない。もしも、ひとりの指導者が本当に思想家の名に値する地位をきずくことができるとすれば、かれが、同時代の民衆の直面する基本的な課題を打開するために、もっとも犠牲の少ない処方箋《しょほうせん》を用意できた場合を除いてほかにはないのである。

現代インドへの接近

ここでは現代インドが生んだ政治家ネルーの生涯と思想を現代インドの歴史的な課題に密着させるなかで追求してみることにする。

もとより、インドに対する日本人の関心はさまざまに分裂している。「ヨーガ」の国、神秘的な国、仏教の生まれた国から始めて、暑い国、カースト制度がある国、食糧不足の国にいたるまで、千差万別である。なるほど、その一つ一つをとってみれば、インドのある部分をいい当てているのかもしれない。こうした見方は単にインドだけではなしに、多かれ少なかれ、アジアやアフリカの特定の国をとりあげた場合でも、同じなのではないだろうか。わたくしたちにとって、アジア・アフリカの国々の現状を、もっと、すなおな立場から見なおす必要がある、と思われる。先に述べたような、インドに対する「理解」で、事たれり、とすることで、インドをわりきることはきわめて危険である、といわなければならない。

今日の日本では、インドはもはや「知られた国」の仲間入りをしてしまっているようだ。しかし、実をいうと、わたくしたちのインドに対する関心は今述べたような程度の話題で立ちどまっている場合が多いのではないだろうか。一歩、対象に踏みこんで、現代インドの社会と民衆の当面している問題を真剣に掘りさげようとする努力が、あまりにも乏しいのではないだろうか。わたくしたちにとって、インドはもっともっと知ってよい国のなかに数えられるべきであろう。

ネルー理解への道

したがって、この際、ありきたりのネルーの伝記を書く方法はあまり意味をなさない。ネルーの人柄や人格を手放しにほめたたえる伝統的な『伝記』のスタイルは、ここでは否定されている。ことネルーにかぎらないにしても、名門、高い教養、輝かしい業績を書きつらねた伝記はたくさんある。むしろ、現代インドの歩みという、見方によれば泥だらけの道を、ネルーがいかに突破していったか、また、ネルーがどこで挫折《ざせつ》していったか、を明らかにすることである。端的にいえば、現代インドの政治・経済・文化・社会にまたがる諸問題にネルーがどのように対決し、どこで敗北したかを究明することである。そこで、現代インドの歩みを重視する立場が表面にでてきて、ネルーの姿がぼやけてしまうことになるかもしれない。もちろん、ここでは、必要だと考えられる、ネルーの指導者としての資質や思想家としての特徴をわたくしなりに整理している。この書物の特徴をひとくちでいうとすれば、ネルーを鏡にして現代インドの課題の所在を突きとめるところにある。ネルーを通して、同時代のインドという強烈な個性について、何ごとかを語りたい。このように念願したのが、この書物を書いたわたくしの根本的な動機であった。この試みが多少とも成功し、現代インドに対する読者の関心が少しでも深まったとすれば、わたくしにとって、これ以上にうれしいことはない。

現代インドの歴史の勉強を志して一〇年、幸い、その間にインドを訪れる機会を得たものの、現代史の勉強はむずかしい。むしろ、なかなか進まない、といった方が正しい。日暮れて道遠しの感がある。この間、自分の勉強を中途で放棄することなく続けることができたのは、周辺の人々の有形無形の支援と、二年と数カ月の留学ではあったけれど、その間に接したインドの人々、とくに若い研究者たちの友情に負うところが大きい。研究が独創性によって生命を確保できるとすれば、研究者は友情をささえとする批判によってその研究活動が保障される。インドの現代史の研究というような未開拓の場に踏みこんで行くとき、研究者の直面しなければならない課題や苦痛は人一倍大きいのである。同時に、研究面での蓄積も日が浅いということから、知らず知らずのうちに、誤りもおかしやすい。その点を常に反省しながら前へ進むべきであろう。

ここでは人名や地名を問わず、原音に近い表記方法をとった。わたくしたちが欧米の人名や地名の発音や表記方法に神経を使うのと同じ程度に、インドを含めたアジア・アフリカの諸民族に対して気をつかうのは当然の礼儀というものであろう。ネールという呼び方をネルーと統一したのもその一例である。あえて書けば、ネヘルーが最も原音に近く、ネにアクセントをおいて読めば、ぴったりである。パキスタンはパーキスターンとすべきであるが、これはガンディーの場合と同様に従来の慣例に心ならずも従った。

おわりに、この書物を書くにあたっては、多くのかたがたから助言と助力を得た。いちいち名をあげないけれども、ここに厚く御礼申し上げたい。

中村平治

目　次

インドの政治地図（1964年）

I ネルーの生涯

現代インドが誇る政治家

ネルーと日本

第二次世界大戦が終わると、インドやインドネシア、ビルマなどアジアの諸民族が次から次へと独立し、中国や北朝鮮や北ヴェトナムでは新しい革命政権が成立した。このような一連の動きは、立ちあがるアジア、ないしはヨーロッパの帝国主義に対抗するアジアのナショナリズムといった表現で把握《はあく》されてきた。

中国とならんで、現代アジアの大国といえば、だれしもインドを指さすに違いない。その場合、大国を支える条件は何であろうか。ある人は国土の広さを思い浮かべるだろうし、ある人は人口の多いことを考えるかも知れない。また、ある人は黄河流域に展開した古代中国の偉大な文明をインド古代のインダス文明に対比しながら、二つの国家の今日の姿を描きだすかも知れない。しかしながら、わたくしたちが現代の中国や現代のインドの姿を対比する場合に一番大切なことは、現代世界の基本的な課題である民族の独立、平和と民主主義の確立にそれぞれの民族がいかに正面から取り組んできているか、という点を明確にすることである。別のいい方をすれば、現代インドの民衆は自分たちが直面している課題にいかに自主的に取り組んできているか。みずからが作りあげた民族国家の体制はほんとうに民衆の要求を満たし、国際社会の中で尊敬を受ける地位を築いているかどうか。こうした角度から出発して、初めてひとつの民族が真に大国を作りあげているか否かが明確にされてくるのである。

一九四七年八月一五日、くしくも太平洋戦争終了後のちょうど二年目に、インドは長年にわたるイギリスの支配を脱して政治的な独立を達成した。この独立はインド亜大陸の両翼に分かれた東西パキスタンの分離独立を招いた。また、翌一九四八年一月には、インド民族運動の指導者マハートマー＝ガンディーの暗殺事件が発生した。太平洋戦争の敗北の直後の日本では、インドの政治的独立の意義も、ガンディーの暗殺事件の背後にあるものも、十分に把握できなかったようである。もちろん新しいインドの独立をからくも導きだしたガンディーやネルーの名前は知られていたし、かれらが所属していた政党であるインド国民会議派の活動の一端は戦前、戦中にすでに日本に紹介されていた。しかし、戦争直後の日本のインド観には、極東国際軍事法廷で日本人被告（東条英機ら軍国主義指導者たち）の無罪を主張したインド人判事パールの水際だったヒューマニズムと、戦争期に観念的にインドと日本を結びつけることで、結局共倒れになったインド人政治家スバーシ＝チャンドラ＝ボースの英雄主義とが奇妙な形で組み合わされていた。

戦後の日本が政治家としてのネルーの思想と行動を自主的に受けとめ、現代インドの歴史的な歩みにまともな関心を払い始めるのは一九五〇年代にはいってからであり、その背後には日本国内における民主主義勢力のさまざまな発展が見られるにいたったからである。

有史以来の外国軍隊による日本占領という現実は、被抑圧民族の苦痛の深さを日本の民衆に生々しく体験させることになった。かつて朝鮮、中国、東南アジアの諸地域を占領した日本は一朝にして被抑圧者の立場に転落し、戦争期にはなばなしく歌いあげられた「大東亜共栄圏」構想は音を立ててくずれていった。戦後日本の民衆はインドのネルーを初めとするアジアの新興民族国家の指導者の発言や行動に計り知れない親近感を寄せ、中国民衆の新民主主義革命の嵐のような発展に最上級の拍手を送った。日本の民衆は、その指導者や民衆の思想と行動の中に被抑圧民族がみずから奴隷《どれい》の鉄の鎖を断ち切ろうとする激しいエネルギーを肌で感じとったからなのである。人は一度《ひとたび》突き落とされることによって、初めて、かつて自分が立っていた崖《がけ》の高さを知りたいと願うものなのであろうか。

そこでネルーを戦後の日本に結びつけたものは具体的にいえば何であろうか。戦後日本においてはネルーを理想主義をかかげた政治家として高く評価し、ネルーの著書が相ついで日本語に訳出されている。また、一九五七年一〇月にはネルーは日本政府の招きで娘のインディラー＝ガンディー（現在のインド首相）とともに日本を訪問している。日本の民衆の間にネルーに対する素朴《そぼく》な親近感や愛情が育っていたことは事実であるし、そういった親近感を足がかりにして現代インドの政治、経済、歴史や文学の勉強を始めた人びともいた。また、ネルーの書いた『自伝』や『インドの発見』が翻訳されるとともに、単なる政治家としてのネルーの動きだけではなく、思想家ネルーの姿を知る機会がもたらされたのである。とくに『自伝』の場合には二〇世紀インドの民族独立運動の理解に厚みをつけ加えてくれたたし、『インドの発見』は、たとえマルクス主義的な立場からのインド史の記述ではなかったにもせよ、イギリス植民地主義に奉仕してきたケンブリッジ、オクスフォード学派の手になる民衆不在のインド史から、民衆のためのインド史の理解への突破口を用意してくれた。このようにして現代インドに対する日本人一般の関心が、ひとつはネルーの著作を通じて拡大していくことになったのである。

　同時に、国際政治の場におけるネルーの多彩な活動が大きな衝撃を日本の民衆にもたらしてきた面にも注意をむける必要がある。戦後の東側の社会主義陣営と西側の資本主義陣営の対立、いわゆる、冷戦の段階においてネルー外交はときに調停者として、ときにきびしい国際関係に自主的に対処することによって、見のがすことのできない貢献を世界平和、少なくともアジアの平和の前進の上にもたらしてきたのである。権力政治の闘争の中に巻きこまれまいとする、第三地域ないしは平和地域の設定論から始めて、米ソ両国との軍事同盟を拒否する非同盟政策の展開にいたる全過程は、次のような事態と関連していた。すなわち、これらの方針は、新興民族国家インドの民族的利益と国家的利益を守る

1957年，娘のインディラー=ガンディーと共に日本を訪れたネルー

―国際文化会館提供

建前からでてきたものであるが、同時に植民地主義と対決する姿勢そのものからでたものである。これが多少とも同じような条件に置かれていたアジア・アフリカの諸民族の間に大きな反響をよびおこすことになったのである。その象徴的なできごとは、一九五五年四月にインドネシアのバンドンで開かれたアジアーアフリカ会議であり、中国の周恩来、インドネシアのスカルノ、エジプトのナセルと並んで、インドのネルーがこの会議を成功させるうえで果たした役割はきわめて大きかった。この会議は有名な一〇原則にのぼる決議を採択し、植民地主義の廃棄《はいき》、民族の独立と世界平和の確立を決議にもりこむことによって、いわゆるバンドン精神を打ち立てるのに成功した。現代アジア・アフリカの良心としてのネルーといった表現が少しも抵抗なく当時の日本の民衆の心に受け入れられたのである。

一九六〇年代にはいって、国際政治におけるインドの動きは明らかに足踏み状態に落ち込む。一国の最高指導者としてのネルー首相も発言や行動の面でかつての精彩を失ってきた。ある人はこうした停滞状態をネルーの老齢にその理由を求めた。インドが政治的な独立を達成したとき、ネルーは五七歳であった。なるほど、一九六〇年代といえば、ネルーは七〇歳の坂を越えていたことになる。ネルーの老齢化はたしかにインドの歩みを鈍化《どんか》した一因ではあろうが、より根本的にはインド共和国の政治的、社会的、経済的な行きづまりがネルーの行動にブレーキをかけ、国際社会におけるインドの立場を後退させた理由であった。極端ないい方をすれば、一九五〇年代のインドとインド民族主義者に与えられた栄光は六〇年代には影も形もなくなってしまった。しかもこの頃から、日本の側からする、ネルーと現代インドに対する評価はまことにきびしいものになり、独立後のインドの否定的な側面が次から次へとクローズ＝アップされてきた。他人の欠点はよく目につくといわれる。一体、独立後のネルーと戦後の日本の民衆をつないだ糸は一九六〇年代を境にしてとぎれてしまったのであろうか。仮にとぎれてしまったのであれば、再び双方の間のよりを戻す方途はどこに求められるか。すでにネルーなき今日、むしろ、わたくしたちは根本的に現代インドと現代日本の相互関係を振り返ってみる時期にさしかかっているのではないか。単に一個人・一指導者との間柄を取り上げるというのではなくて、現代アジアの一員としての日本が、周辺のアジア諸民族との間に真の友人関係を確立しようとする立場から――。

ネルー論と現代インドの理解

ひとくちに政治家ネルーといっても、ネルーを支えた思想なり政党なりが存在していることは当然である。思想の問題はあとでのべることにするが、ネルーが一八八五年一二月に創立されたインド国民会議派に第一次大戦後に参加し、それいらい民族的指導者としての地位を一貫して保持してきたことはだれしも認めるところである。一九二〇年代から独立後にかけて、たしかにネルーは社会主義者を自称したり、インドの将来が社会主義的な方向にあることを一度ならず強調している。また、一九五〇年代のネルーのはなばなしい活動を要約して、インド内外の識者の間には、ネルーを社会主義者に仕立てるとともに、ネルーを先頭とするインド政府がインド型社会主義への途を歩んでいる、といった議論や評価が生まれるにいたった。だが、ネルーを社会主義者と規定することは独立後のインドをインド型社会主義の形成過程として理解する立場と同様に大きな誤りである。ネルーは実をいえばインド民衆の独立の達成と議会制民主主義制度の導入を推進した民族主義的な指導者であった、と考える方が適切である。

さて、一九六〇年、つまり、中印国境紛争以後、インド政府は外交・内政の両面で従来の進歩的な方向から大きく右旋回する。これに関連してネルーに対する評価にもいちじるしい変化がみられ、ネルーを台湾の蔣介石と同一視する考え方が登場した。平和思想のチャンピオンが転じて売国奴的な裏切り者になったのである。中印国境紛争を契機として、会議派政府がアメリカへの経済的な依存度を飛躍的に高めたことは事実であり、インドの政治・経済の行く手にはいくつもの赤信号がいっせいにともされた。しかし、現代インドの体制的な危機を、ただちにネルーの蔣介石化と結合するには多くの問題点が残されていたのである。まず、民族的指導者の歴史的な役割と、その政治権力ないし政権との区別の問題である。ネルーと権力装置としての会議派政権とは同一のものであるという立場からすれば、会議派政権の反動化がネルーの反動化に対応することになる。ネルー個人としては救いようのない状況にはまりこんだ形になる。しかし、戦後のアジア・アフリカの新興民族国家の独立とその後の発展を見守る場合、やはり民族的指導者に対する評価と新しい政治体制――インドのような、直接選挙制をてことする議会制民主主義制度をとるところもあれば、パキスタンのように間接選挙制を主軸にした議会制を採用しているところもあり、政治的な安定度にもいろいろな相違を生んでいる――に対する評価とは区別しておく必要があると考えられる。その場合、新興民族国家が誕生した時点では、一般に新興国家の反植民地主義的、反帝国主義的な側面に人びとの注意が片寄りすぎる結果として、特定の民族的指導者をいただく新興国家の将来は概してバラ色に染め上げられがちである。しかし、やはり、今述べたような分析方法の必要性は、アジア・アフリカ諸国の動向を見通すうえで決定的な意義を持つものであると考えられる。次に会議派政府の売弁化ないしは右傾化を二、三のデータをもって割り切ることは一般に困難ではない。問題は一九四七年八月に生まれたインドの会議派政府が、いかなる性格のものであり、その性格内容がいかなる必然性に基づいて、大きな変動を招いたのであるかを丹念に追求することである。いいかえれば、会議派政権の変動を規定しているインド社会の内在的な発展のコースを明らかにすることが要求されている。そうした道筋が明らかになれば、一九五〇年代の終わりから六〇年代の初めにかけて起こった一連の変動の内在的な契機も明確にされるであろう。もちろん、この問題を解くことはなかなか困難な限りであるが、こうした手続きを介入させないと、分析はいちじるしく現象的なものに終わってしまう。この点を抜きにして、従来、現代インドに関する議論が試みられてきているけれども、こうした状態はすみやかに克服されなければならない。

一方、ネルーをインドの「古典古代」に結合し、とくに仏教思想の観点からネルーの立場を説明しようとする理解が存在する。ここには論理というよりは信仰を媒介とする点に特徴がみられる。むろん、現代日本の仏教者の間にも様々な流派があり、その社会的、政治的な役割も異なっているが、ネルーを神格化する傾向が無きにしもあらず、という点だけは指摘できよう。とくに注意しておきたいのは、この人たちのネルー理解には主観的な善意のみが作用していて、それなりの意味を持ってはいるものの、現代インドの歴史的な現実から一般に遊離しがちであり、時としてはまことに奇妙な、それだけに危険な、インド観を日本の内外に広める結果となる場合が多い。むしろ逆に、仏教というような糸でインドと日本を結びつけることによって、ネルーを特異な宗教世界に引きずり込むことに余念がないとさえもいえよう。こうしたネルー理解は実は明治以降の近・現代の日本のインド観を前提としているものであり、広く日本の対アジア認識の問題にもかかわっている。儒教《じゅきょう》を現代中国の民衆の歩みに結びつけてみたり、仏陀《ぶつだ》ないしは釈尊《しゃくそん》の教理を現代インドの指導者の動きに投影させてみたり、またイスラーム——回教と昨今まで呼ばれていた——の教義を追うあまり、現代アラブの民衆の声を砂漠やピラミッドの彼方に追放したりする。こうした安易な宗教論や伝統論を基盤にして、かつての大東亜共栄圏といったあだ花がパッと咲き、またたく間に散っていった。この問題に対する深い反省なしに、また、新たなるアジア・アフリカ認識の座標軸を確定しようと模索することなしに、手放しの宗教論を媒介とするアジア認識、インド認識の方法は出発点で大きな誤りを犯していることになる。宗教家の看板の下に、アジアの指導者である日本といった、おもいあがった言葉が特に最近目だってきている。この人たちがいかなる弁明を試みようとも、こうした発言が現代日本の支配層の立場、つまり、アジア諸国は日本を兄貴分とみなしている、と発言した保守党の政治家の立場とまったくかさなるものであることはいうまでもない。

このようにネルーを理解する立場が幾重にもわれているということは、日本の現代インドに対する理解や把握が依然として不安定な状況にあることを物語るものであり、したがって、現代インドの研究の視座なり、インドへの接近の態度なりを確定することが一般の人びとにとっても研究者にとっても急務であることを意味している。

ネルーの思想と行動が植民地時代から独立後にかけてのインドの諸発展と固く結びついているとすれば、さしあたり、ネルーの全生涯を現代インドの歴史的な発展の流れの中に位置づけることが、ここでの基本的な目標となる。いいかえればネルーの思想と行動の曲折を理解することによって、インドの現代史の展開過程に提起された課題は何であるかを問いかけることである。さらに一言つけ加えるならば、「停滞的」なインドが、どのような創造的、かつ発展的な契機を内包しながら、一方では歴史としての現代インドを形成し、他方では政治家にして思想家、見方によれば単なる歴史家というよりは現代史家でもあったネルーを生みだしてきたのであるかを明らかにすることである。そのために、まずインドの近代・現代の歴史的な発展の中にネルーの生いたちをたずね、その生涯のスケッチを試みることが必要とされよう。ついで多面的な行動を展開したネルーの思想上の諸側面を個別的にとりあげることになる。最後に、現代インドの変革という視点から政治家・思想家としてのネルーの総まとめが試みられなければならない。いうまでもなく、その部分は本書の結びとなる。

ネルーの生いたちとその背景

インド近代史の開幕

インド史における中世社会（封建制社会）から近代社会への転換期はどの時代にあたるのであろうか。ヨーロッパの場合には封建制の胎内に生まれたブルジョアジー、つまり資本家階級が封建制を打倒するために流血の革命を行ない、近代資本主義社会を作り出した。ところが、中国を初め、インドの近代社会はヨーロッパの場合とはその様相を異《こと》にしている。長期にわたる封建的な専制政治の結果、封建制のもとでの民衆の生産と生活はぎりぎりの水準に押しとどめられていた。この封建的な専制政治はムガル帝国（イスラーム系の王朝）の末期ににわかに衰退のきざしを見せ始める。つまり、一七世紀の初め、アクバル王の死とともに「ムガルのたそがれ」が開始される。ちょうど、一六〇〇年にイギリス東インド会社が設立され、イギリスによるインド植民地化がはじまる。このようにして、インドの近代史は、ムガル封建制の解体とイギリスによるインド植民地化の展開という過程と、ムガル封建制をゆさぶった一連の民族体（たとえばマラーター帝国）ならびに農民集団（たとえばジャート農民）の反乱の展開という過程を、その内容としている。

ムガル封建制とその土台をなした村落共同体の崩壊は二つの歴史的な契機、つまり、ムガル中央権力と地方貴族との対立、および、地方貴族とその下にある農民との対立を基礎にして進行し始めた。とくに地方貴族が私的な土地占有や土地利用を行ない、財産の世襲制を導入したことは封建的な国家的土地所有制の存続に大きな打撃を与えた。他方、ムガル帝国時代、ムガル宮廷に重く用いられた官僚の中にはトダル＝マールのようなヒンドゥーの商業・高利貸カースト出身の者があり、一七世紀以降、商業・高利貸資本は昨日まで出入りしていたムガル宮廷に背を向け始め、みずからの利益の増加のために外来の東インド会社の社員と結託して、わがもの顔の活動をくりひろげるようになった。この高利貸商人はあくまでイギリス側に一方的に利用され、時がくればイギリス人の商業活動の網の目の中から、はじきだされる運命にあった。この筆頭に立ったのはパールスィー（拝火教徒）やマールワーリー（ヒンドゥーの商業カースト）であった。

東インド会社の役人たち
ベンガルの住民から略奪する東インド会社のイギリスの役人たち。
—18世紀の版画

ムガルの専制政治に対抗したのは、たとえ弾圧のために長期の闘争を組みえなかった場合が多かったにもせよインド農民の一連の反乱であった。とくに一七世紀の後半には北部インドの各地でムガル権力との衝突がくりかえされ、ジャート農民の反乱がパンジャーブで激発している。今日でもパンジャーブを訪れる旅人は、意欲的に労働と生産に打ち込むジャート農民にその昔の面影を読みとることができよう。一方、この頃にはインド各地でいくつかの民族体[1]が形成され始めた。その中でも目だつものはマラーター帝国の成立である。その版図《はんと》は一九世紀初めにイギリスにより滅ぼされるまで現在のマハーラーシュトラ、マッディヤープラデーシ、グジャラート、ラージャスターン、ウッタループラデーシにおよんだ。マラーター帝国によるムガルに対する敵対関係は封建制そのものに対する意識的な抵抗というよりは中央集権的な封建制に地方的に分立した封建制を対置するところに主眼があり、ムスリム支配に対してヒンドゥーの「独立した」帝国を樹立するところに副次的な要因があった。マラーター帝国時代には、初期マラーティー語による文学が開花している。

このようにインド近代史は封建制のゆるやかな解体と植民地化の急速な進行という二つの過程によって規定《きてい》された。今日のインドの歩みを考える立場からすればインド植民地化の内在的な条件をここで整理しておくことが必要であろう。何よりもまず、ムガルの封建的な専制政治が、民衆を極度に疲労させており、外部からの敵に対抗すべき国家的な結集を実現する具体的な基盤を持っていなかったことである。次に商業・高利貸資本がムガル帝国の支配体系の中にくい込んでおり、ムガル帝国の衰退が始まると、これら商業・高利貸資本はいち早くムガル貴族に見限りをつけ、外来のイギリス商人の買弁《ばいべん》に転じてしまった問題がある。

1) 植民地下の封建制・奴隷制の段階に対応する民族発展の形で、これは民族ほど強固な結合条件をもっていない。

さらに当時の反体制運動としては農民の反乱や民族体の反乱が挙げられる。しかし、これらは反ムガル体制という線で全インド的な行動を起こすことは当時の段階としてはきわめて困難な作業であり、ましてや外来のイギリスの支配者に対していっせいに立ち上がるということは想像できなかった。マラーター帝国の場合、その周辺の民族体を自己の支配下に置くという一種の「帝国主義」国的な位置にすらあった。イギリス側はインド国内の分裂的な条件を全面的に活用し、一歩一歩、原料収奪を軸とするインド支配を確立していった。一八世紀半ばには宿敵フランスをインドから追放し、一九世紀初めには税金の収奪体系をインドの農業部門に確立することになる。一八世紀末から一九世紀初めにかけての、イギリスを敵とするマラーター戦争の敗因も一つにはインド自体の分裂的な条件に求められている。

民族的抵抗の諸段階

インドにおける社会発展が封建制社会から資本主義社会へ進まずに、封建制社会から半封建的植民地社会へ転落《てんらく》した事実はインドの政治・経済・社会・文化・思想を考察する上で決定的な意義をもっている。こうした点を確実に抑えて置かないと、私たちの近代・現代のインドに対する関心なり考察なりの視点はいちじるしく非歴史的な、時には反歴史的なものになってしまうであろう。ましてや、こうした時代の延長線の上を生きたネルーの全体像を明らかにするなどということは文字通りに困難なものになる。

近代インドにおける社会発展の土台をなしている資本主義発展は、すでに述べたような状況を前提にして、ロシアやイギリスのような、小商品生産――工場制手工業――大工場経営といった三段階を経過せずに、高利貸・商業資本が大工場経営に転化するというユニークな段階をへた。しかも、一七世紀以降のいくつかの民族体が個別的に発展していた歴史的な事情もあり、一九世紀の半ば以降に高利貸・商業資本がときには火事場での荒仕事、ときにはアヘン貿易のような反社会的なもうけ仕事を通じて、綿織物工場の経営に着手するようになった。こうした多民族的な発展の先頭にはパールスィーを主要勢力とするグジャラーティーブルジョア階級が立っていた。かれらの拠点である西部インドのボンベイは単にインド国内の商工業活動の中心地であったのみならず、ヨーロッパ、アラブ、アフリカ、東南アジア、中国と日本を相手とする対外的な活動上の中心地であったのである。このようにグジャラーティーブルジョアジーの活動は当時のインドにおける資本主義発展の指標をなしており、この後に、マハーラーシュトリーヤやベンガーリー、パンジャービー、ヒンドゥスターニーといった諸民族ブルジョアジーの形成が続いた。いいかえれば、一九世紀の後半、イギリスのインド直接支配の段階でインド内部にグジャラーティー民族を初めとする一連の民族の形成が不均等なままに開始されることになった。

この民族的な発展の門出を飾ったのは有名な「インド人の反乱」(一八五七―五九年)であった。一般にセポイの反乱と呼ばれてきた、この反乱は、同じ頃に爆発した中国の太平天国の乱、イランのバーブの反乱と並んでアジアにおける三大民族闘争の一環をなしていた。この反乱は東インド会社の傭兵セポイ(正しくはペルシア語でスィパーヒー)を中心にして農民大衆をまきこんだ民族的な性格を持っていた。したがって、反乱を単にインド兵の反乱と呼ぶのは適切ではなく、現代のインドの歴史家は広くインド独立戦争という名称を使っている。反乱の結果、イギリスの東インド会社の支配には終止符が打たれ、かわってイギリスの直接支配をすすめるインド政庁が設置された。一八五八年のことである。この反乱に際し、従来、イギリスの買弁的な役割を果たしてきた高利貸・商業資本は二つにわれ、一方では、イギリス軍による反乱抑圧活動に資金や物資を調達するグループがいるかと思えば、他方にはこの反乱を物心両面から支援するグループが出現した。

この反乱にさきがけてボンベイ地方には、すでに資本主義発達のきざしが工場設置という形で築かれていた。すなわち、グジャラート系（パールスィーを主体とする）資本家は紡績工場の建設を行ない、当時のイギリスの対インド鉄道投資と相まって、工場数はみるみるうちに増加していった。ボンベイ地方の特徴を次のように把握する見解がある。すなわち、東部のカルカッタがイギリス側の直接的な搾取《さくしゅ》の中心地として発達する一

インド人の反乱

インド人の反乱で，イギリス軍を迎えうつために出撃するセポイの軍隊。

方、ボンベイは相対的に独自な土着資本を通じて達成される植民地的な搾取の中心地にとどまったものである、と。一八八五年一二月、ボンベイでインド国民会議派の創立大会が開かれたのは、当時のボンベイがインド内部の先進地帯をなしていた状況と無縁ではない。近代インドが誇るべき政治理論家が、この地方に輩《はい》出《しゅつ》したのもけっして偶然ではない。パールスィーの出身で、しかも、上昇期のインド－ブルジョアジーの倫理感ないしは潔白感《けっぱくかん》を身をもって実現した、反帝国主義政治家ダーダーバーイー＝ナオロージー（一八二五—一九一七年）の存在を忘れることはできない。ダーダーバーイーはインド民族運動の母胎となった国民会議派の育ての親であり、帝国主義段階のインド政治の行手を明示した思想家のひとりであった。政治団体ないしは政党としての会議派が、その指導理念の中に反帝国主義的な色彩を折り込んでいくのは、一九世紀もおしつまった九〇年代のことである。インド民衆の貧困を規定しているインドからイギリスへの国富の流出、インド民衆とはなんの関係もない植民地当局の軍事行動に対する負担額の増加、二度、三度とインド農民を襲った悲惨な飢饉《ききん》といった諸問題をすべて関連的に

ダーダーバーイー＝ナオロージー

ロークマーンヤ＝ティラク

会議派大会で提起したダーダーバーイーは、イギリスの植民地支配こそが、一切の根源をなしているという立場をとった。イギリス植民地主義のもとにあって約三〇〇年、インドはダーダーバーイーのような卓越した政治家・思想家をようやく政治の前面に登場させることができたのである。

一九世紀後半のインドの多民族的な構成の展開は、グジャラート系の大ブルジョアジーがお膳《ぜん》立《だ》てした会議派の創立をもって一つの頂点に達する。しかしながら、会議派の組織や活動とは必ずしも係わりあいのないところで、反植民地主義ないしは反帝国主義の運動が、さまざまな次元でさまざまな形態をとって進行していた事実を見落としてはならない。会議派の創立の前後に、西部インドのマハーラーシュトラでは、ヴァースデーオ＝バルバント＝パドケー（一八四五―一八三年）は有名な農民反乱を起こし、反乱の鉾先《ほこさき》は地主・高利貸から始めてイギリス側の役所を初めとする行政機関に向けられた。パドケーは捕えられて英領アデンで獄死したけれど、パドケーの活動は、マハーラーシュトラ農民が現代インドにむかう道程での血のしたたる苦闘の一端を物語るものであった。パドケーの活動と入れかわって、マハーラーシュトラの政治戦線に登場したのは、ロークマーンヤ＝ティラク（一八五六―一九二〇年）であった。ティラクは、当初会議派とは特に接触することもなく、マハーラーシュトラを舞台に独自の政治活動を積みあげていた。一九〇五年から〇七年にかけて推進されたベンガル分割反対運動の先頭をきったのは、この革命的デモクラットであるティラクであった。この反対運動を進めるためにティラクにより打ち出された指導理念と行動は、スワラージ（独立）、スワデーシー（国産品愛用）、ボイコット（外国品のボイコット）、民族教育（真の愛国的な教育の確立）であり、この四大方針は、かのダーダーバーイーの議長のもとに一九〇六年一二月にカルカッタで開かれた会議派大会で採択されたものである。ティラクの全活動は、第一次大戦後まで続けられるのであるが、このベンガル分割反対運動は、インドにおける最初の組織的な反帝国主義運動を意義づけるものとして、中国の義和団の乱に対応するものであった。

ジャワーハルラール＝ネルーと世紀の転換点　ネルーは一八八九年一一月一四日に北部インドはウッタループラデーシ州のアラーハーバードに弁護士を父とする一人息子として生まれた。ジャワーハルラールは、字義どおりにいえば宝石（ジャワーハル）のような子ども（ラール）を意味し、ネルーは先祖代々が運河（ナハル）のほとりに居住している、といった意味である。簡単にいえばネルーさんは≪河辺さん≫という姓であると考えても良いであろう。父はモーティーラールといい、これまた、真珠《モーティー》のような子どもといった意味である。なお、ネルー家は最高カーストであるブラーフマン（俗にいうバラモン）に属していた。

ネルーの幼年時代から青年時代にかけてのインドはいわば激動期にあった。しかし、注意すべきことはネルーはこの激動期のインドとの関係では「第三者」的な位置にあったことである。植民地諸国の有産階級が、しばしばその子弟を植民地本国の大学に送ってきたように、ネルーは一五歳の時にイギリスに留学する機会を父から与えられた。一九〇五年五月のことであった。ハローといえばロンドンの西北部に位するイギリス切っての名門校であり、約二年間、ネルーは異国の高等学校生活を特に孤立感を味わうこともなく送ることになった。さらに一九〇七年から三年間、ネルーはケンブリッジのトリニティーカレッジに在学し、今日の日本でいえば、四年制大学の教養学部二年に相当するような、社会科学、人文科学、自然科学にまたがるいくつかの科目を聴いた。大学に進学して、ネルーの関心はようやくイギリスの政治やインドの政治の動きにむけられるようになった。何よりも、生活に不自由をすることなく、父親の仕送りの下に、学生生活を送るということは、ネルーが文字通りに特権的な階級に属していたことを意味する。しかし、ネルーはこうした恵まれた環境を十分に活用

ケンブリッジ時代のネルー

し、鋭い知的な関心のもとに手当たり次第に書物をあさり、真夜中までも学友と議論にふけるかと思えば、そろそろ自分の視野に登場してきた祖国インド、インドを含めたアジアの動きを青年らしい感受性をもって受けとめていた。ネルーは書物の気違いでもなければ、空論をもてあそぶ煽動《せんどう》家でもなかった。

ケンブリッジに在学中、インド人学生との交遊もあったが、祖国インドからイギリスを訪れた民族的指導者の講演を聞く機会も何回となくあった。ネルーは自伝の中で、

「一九〇七年いらい数年間というものは、インドは不穏と紛争とで沸き立っていた。一八五七年の反逆（インド人の反乱のこと――引用者）いらい、インドは初めて闘志とともにやすやすと外国の支配には服さないという気魄《きはく》を示した。ティラクの活動と服罪、アラヴィンダ＝ゴーシュの場合、それにベンガルの大衆がスワデーシーとボイコットとの協約を果たしつつあることなどのニュースはイギリスにいるインド人のすべてを沸きたたせた。ほとんど例外なしに、私たちはインドで新しい党派と呼ばれていたティラク主義者つまり過激主義者であった。」

と述べている。ネルーも指摘するように、一九〇五年から〇七年にかけて、インドでは時のインド総督カーゾンのベンガル分割令に対抗して、有名なベンガル分割反対運動がインド国民会議派を中心に進められ、ティラクはその先頭に立っていた。しかし、当時、ネルーはティラクの急進的な行動に対して全面的な拍手を送りながらも、ティラクを初めとする会議派の民族派――イギリス側は一般に過激派と呼んできた――の思想なり行動なりを必ずしも適切にとらえていたのではない。カーゾンのベンガル分割令は古くから反英感情

が根ざしていたベンガル（東部インド）地方をヒンドゥー（インド教徒）とムスリム（回教徒）の宗教的な観点から二つに分断することをねらいとしており、ベンガルの民族統一の形成ないしは発展を妨害することをおもな目的としていた。分割して支配するという、この典型的な帝国主義政策に対しては、当然のことながらベンガル自体の大衆と指導者は一勢に立ち上がったわけであり、アラヴィンダ＝ゴーシュのほかにビピン＝チャンドラ＝パール（一八五八―一九三二年）の存在が目だっていた。このパールと北インドはパンジャーブ出身のラーラー＝ラージパット＝ラーヤ（一八六五―一九二八年）と共に、ティラクは会議派の内外にあって急進的な思想と行動を起こした民族派を作っていた。この民族派が、インド人の、インド人による、インド人のための独立を目指した革命的なデモクラットであったとすれば、この民族派と対照的に、万事、話し合いの上で、なしくずしにインドの改革を目ざすイギリス側近派ともいうべき一群のインド人政治家がいた。この双方の対抗関係は、二〇世紀初めのインド政治を大きく規定した有名な事柄であり、この側近派の画策により、一九〇七年の会議派大会は流れてしまった。

ところが、ネルーはティラク主義者を自称しながらも、パールに対しては否定的な態度をもってのぞんでいる。自伝ではパールの言動に対しては概して点数がからく、父のモーティーラールと共にパールを「ベンガルの煽動者たち」の仲間に追い込んでいる。ネルーとしては、ティラク主義者を自称しながらも、祖国インドの民族主義者たちが何をてこにしてティラク主義者たる地位を得ているのか、また、インド民族運動がこの時点で何を目ざしているのか、必ずしもはっきりさせてはいなかった。

精神形成期に祖国インドから離れていたことから、ネルーはいったんインドを自分から突きはなして冷静にみつめることができる立場にあった。留学中に、ようやくインド人の一人として、また、アジア人の一人として自分を位置づける地ならしを行なうことができた。たしかにネルーはケンブリッジを卒業後、弁護士の資格を得て一九一二年に帰国したけれど、特に社会的なエリートの出世コースにしがみつこうとしたわけでもなく、「洋行帰り」としてインド社会に大きな顔をきかせようという意図も別にもたなかった。明治時代の日本の洋行帰りの中には、たとえば「わが英国では……」といった調子で、得意になって一席ぶつような権力の座につらなる人びとがたくさんいたそうである。ネルーとしては、自由主義思想から初めてフェビアン社会主義思想まで一通り身につけた上で、しかも、祖国の運命を何よりも重視するという、民族主義思想への傾斜を滞英生活の間に明確にさせ、インドのためになにがしかの貢献をしたいという気持ちを抱くにいたったのである。

第一次世界大戦と会議派の動き

一九〇七年のスーラト大会が流れたことを契機にしてベンガル分割反対運動が退潮してから、第一次大戦の始まるまで、民族独立運動は停滞してしまい、会議派は民族派にかわって側近派が支配するところとなった。一九一四年、第一次大戦がヨーロッパで開始されるや、イギリスの植民地インドは本国と同様に大戦にいやおうなしにまきこまれた。まんまと、関係ない戦争に駆り立てられ、かつぎだされたのである。動員されたインド人の総数は一四五万人を突破し、九四万名が、東は中国から西はヨーロッパ戦線にいたるまで散らばった。ほぼ一〇万人、つまり一〇人に一人の割合で戦場で倒れたと記録されている。物質的な面ではレール・機関車・車輌・牛馬・食糧などがイギリスに提供された。

現代インドの作家で、先頃日本にも来た、『苦力《クーリー》』や『不可触賤民《アンタッチャブル》』の邦訳で有名な、ムルク＝ラージ＝アーナンド（一九〇五年―）の作品『黒い海を渡って』（一九四〇年）は、北部インドのパンジャーブから黒い海、地中海をわたって西部戦線に駆り出されたインド人兵士ラールーの精神的な変革を描いている。マルセイユから前線に運ばれる途中でラールーは自分たちの列車に続々と乗り込んでくるフランス人兵士たちの駅頭での別れの光景を目撃する。死の戦場に向かうフランス兵との別離を悲しんで涙を流しているのは兵士の母であり、妻であり、恋人であり、姉妹たちではないか。ラールーは、心の中にこみあげてくるいい知れぬ悲しみと驚きをおさえられなかった。インドでわが物顔をしている白人（イギリス人）は決してラールーを初めとするインド人の前で泣き悲しむ顔を見せたことはなかった。しかし、フランス人の別離の光景はラールーに次のことを認識させた。死の墓場へとつらなる別離に際しては、悲しみを抱くのはインド人であろうとフランス人であろうと民族的な壁を越えてまったく共通しているのだ、と。ラールーと同じような貧しい農民出身の兵士たちのヨーロッパにおける貴重な体験は、それが生と死の対決の場で得られたものであるだけに、いわゆる留学体験とは別の意義を彼らの帰国後の歩みに与えることになった。

第一次大戦期、戦争動員の体制が強化されて行くなかで、グジャラート系の大ブルジョアジーの活動は一段と活発化した。戦争経済の余波を受けて労働者や農民の生活がギリギリのところまで追いつめられ、飢饉《ききん》

カマラー＝ネルー

すら発生していたのと対照的に、一部の資本家は戦争景気に酔っていたのである。一九一一年末に鉄鋼生産を開始していたグジャラート系のターター資本は戦争期にインド政府（独立後のインド政府と区別するためにインド政庁と呼称する）に対して、国際価格よりは安かったけれど一五〇〇マイルのレールを含め、約三〇万トンの鋼材を売却した。一方、先進的なボンベイ、カルカッタ、マドラースはさておき、北インドのデリー、とくにカーンプルが大戦期を通じて新しく紡績工業都市として登場して来た。ボンベイやカルカッタがそれぞれグジャラーティ、ベンガーリーの大資本の活動を一般に象徴しているとすれば、デリーやカーンプルは、ヒンディー語を母語とするヒンドゥスターニーブルジョアジーの紡績工業部門への進出の拠点となったのである。当然のことながら、世界大戦の末期から、デリーやカーンプルは北部インドの労働運動の中心地となった。

さて、インド国民会議派は第一次大戦初期にはイギリスに協力する方針を打ち出していた。一九〇七年以後、その指導部の座には側近派が勢力を振っていた関係上、こうした方向がでてきたのもうなずけることであろう。しかし、戦争の進行と共に大衆生活が悪化してくると、会議派は無条件支援の態度を押し切ることが困難になった。また、イギリス側がイスラーム教主、カリフの国トルコの地位をゆるがすようになると、一九〇六年に創立された全インド・ムスリム連盟の指導者も安閑《あんかん》としてはいられなかった。また、一九一五年にはマハートマー＝ガンディー（一八六九—一九四八年）がアフリカから帰国し、会議派の活動に新風を送り込み始めていた。さらに、ビルマに流刑生活を長い間送っていたティラクが一九一四年に帰国し、マハーラーシュトラを舞台に政治活動を再び開始していた。このようにして、一九一六年末にラクナウーで開かれた会議派大会は、インド・ムスリムとの統一行動と、ティラクを初めとする民族派の会議派復帰を認め、自治要求を久しぶりに提起した。ネルーが生涯の師、ガンディーと会ったのはこの会議派大会においてであった。

一九一二年、帰国したネルーは父と共にバーンキープルで開かれた会議派大会に初めて参加したが、その低調ぶりには驚いた。大戦に突入すると共に、会議派側近派の妥協的な言動とイギリス側のベザント夫人の逮捕にみられる弾圧を契機にして、父は急速に側近派から遠ざかりつつあった。さりとてティラクら民族派の側に全面的に移行することもできないでいた。父の特異な立場を理解しつつも、ネルーの関心は民族派の思想と行動に向けられていった。そのためにネルーは父と一度ならず衝突したこともあったようである。職

第一次大戦直後のガンディー

業的には、まだ弁護士に専心するか政治家への途を踏みだすか、心の中では迷い続けていた。バートランド＝ラッセルの一連の著作を読みふけったのもこの頃である。一九一六年の春、ネルーはかねて父の目にとまっていたカシミール出身の実業家の娘カマラーと見合いの結婚式を挙げた。恋愛結婚は当時のインドではほとんど習慣としてなかったのである。一人息子であるネルーの結婚はネルー家のすべてにとって第三者が想像する以上にうれしいことがらであったに違いない。

それにしても、インドは嵐の前夜にあった。大戦の終了とそれに続く時代は、ネルーをいやおうなしに政治の激流の中にまきこんでいったのである。

インド現代史の出発とネルー

一九一八年の秋、世界大戦の砲火は静まった。しかし、世界大戦期にはひとつの革命的な事件が地球上の一角で起こっていた。一九一七年一一月にロシアではツァーの専制政治が打倒され、労働者階級を先頭とする社会主義政権が樹立された。この革命政権は一方で先進諸国の労働運動に対し、他方ではインドのような植民地の民族独立・民族解放運動に対して、ひろく連帯行動を呼びかけた。この呼びかけは全世界の勤労大衆に計り知れない激励となると同時に、植民地本国や植民地政府の政権担当者に深い衝撃をもたらしたのである。

大戦の終了と共にインド国内では朝野をあげてインドの自治を公然と要求する声が高まった。一九一八年の暮、国民会議派の年次大会決議には「世界の平和を確保するために民族自決の原則が諸国家に適用されるべきだという、ウィルソン大統領（米）やロイド＝ジョージ氏（英）の声明にかんがみ、私たちはインドが民族自決の原則を適用される諸国家の一員として承認されることを要求する」ということが盛り込まれていた。ロシア革命の影響が中国やインド、西アジア、それにバルカン諸国におよぶのをくい止めるために、米英の指導者、とくにウィルソンは一九一八年一月に有名な民族自決原則を発表し、世界大戦、つまり、帝国主義戦争の大義名分を明らかにした。中国革命の父といわれる孫文も、マハートマー＝ガンディーも、ウィルソンの発言を導きの星として受けとめていた。ウィルソンの発言を通じて孫文やガンディーの立場は、ロシア革命につながっていたといえよう。

一九一九年四月、ガンディーは、第一次サッティヤーグラハ運動を会議派の最高指導者として開始した。サッティヤーグラハは文字通りには真理を堅く守りぬくという意味で、これにガンディーは非暴力的な抵抗という意義を自分で与えていた。ガンディーは俗にいう無抵抗主義者ではなかった。イギリスに対する不服従と非協力とハルタール（ストライキ）という抵抗方法は、単に都市の一般市民と労働者だけではなしに農村の勤労農民をとらえていった。この運動はイギリスの植民地主義支配に対する怒り、世界大戦への協力の代償としての自治約束をイギリスが放棄したことに対する怒り、民族運動の弾圧法であるローラット法施行に対する怒りが互いにまじりあって爆発したものであった。その意味からしても、この運動は同じ年に発展した、日本帝国主義支配からの朝鮮民衆による独立運動である三・一運動や中国民衆の五・四運動と軌《き》を一《いつ》にするものであり、インド現代史の出発点を画するたいせつな意義をもっていた。この運動が進められる中で、有名なアムリットサル事件が発生した。

現在、アムリットサルはパキスタンの有名な町ラーホールと向かい合っているインドの国境の町である。一九一九年四月一三日、アムリットサル市民は、インド政庁の弾圧政治に抗議する集会を日本の小学校の校庭ぐらいの広さをもつジャリアーンワーラー広場で行なっていた。この集会に参加した市民数は一万五千であったが、イギリス軍人ダイヤーにひきいられたインド兵は、弾丸のつきるまで銃火を民衆に浴びせかけた。もともと周囲には民家がぎっしりと建てられていたことから、人々は逃げ場を失って折り重なるように倒れていった。死者は三八〇名、負傷者はその三倍を越えた、といわれる。この事件は、やがて――というのは、厳重をきわめるイギリス側のニュース統制により外部に伝わるのには時間がかかったし、ガンディーを初め、会議派指導者がパンジャーブにはいることは一時禁止されていた――インド国内、さらには国外に伝えられた。ネルーは『自伝』で、

「パンジャーブの地獄から逃げ出してきただれもがひどく恐怖におののいているので、何が起きているのか明確な説明もできない。外部にいる私たちは手の打ちようもなく、いたずらに断片的な報道を寄せ集め

ては心を痛めていた」

と述べている。この事件の非人道的な性格のために、世論に押されて事件の「実情」を明らかにすべく、インド政庁は調査委員会を任命した。同時にインド国民会議派も救済と調査を目的とする別の組織をもうけた。この調査関係の担当者はモーティーラール、チッタランジャン＝ダースの二人で、かれらの下で、若きネルーが汗水たらして活動した。会議派の調査報告書は二冊からなり、一九二〇年に公刊され、人々は改めて事件の残酷さをひしひしと感じとったのである。ネルーは現場に何回か足を運び、犠牲者や目撃者から多くの聞きとりを行なった。ネルーは、

「銃火でなぎ倒され、逃げ口を見つけそこなって、何千もの人々が広場の塀《へい》に殺到して乗り越えようとした。そこで人々が逃げのびるのを妨げるように塀に向けて発砲命令がなされたと思われる。ことが終わったあと、いくつかの死体と負傷者の山が塀の両側にできあがった。」

と『自伝』で書いている。思案にくれていたネルーの方向は、アムリットサルの虐殺事件を契機にしてはっきりと確定された。インド民族のために全生涯を傾けること――これがネルーの政治生活への門出の決意となったのである。

青年ネルーとガンディーの握手

すでに述べたように、インドの多民族的な構成はグジャラーティー民族の形成を先頭にして展開した。この後にマハーラーシュトラ、パンジャーブ、ベンガルの諸民族が続い

たのであるが、第一次大戦を契機にしてヒンドゥスターニー＝ブルジョアジーの勢力と地位はとみに増大した。もともと、デリー、アラーハーバード、ラクナウーといった都市が点在するガンジス川流域はヒンドスターンと呼ばれており、ムガル帝国（公用語はペルシア語）の直接支配下に置かれていた事情もあって、この地域の住民は、ヒンドゥーであろうとムスリムであろうと、ペルシア語やアラビア語の影響下にあるウルドゥー語を擬制的な母語として使用してきた。もちろん独立インドの国語であるヒンディー語もムガル時代から発達してきたけれど、その全面的な隆盛は一九世紀末から二〇世紀の初頭にかけてのヒンドゥスターニー系のブルジョアジーによる普及活動といった準備段階を経て第一次大戦前後に持ちこされた。ヒンディー語の古典的な作家と目されているプレームチャンド（一八八〇―一九三六年）が第一次大戦後にその著作活動を従来のウルドゥー語からヒンディー語に切り換えたのは象徴的な事件をなしていた。ヒンディー語とヒンディー文学の発達がウルドゥー語の発達史に比べて新しいことは、ひとつには、ムガルという異民族支配の下にインド諸民族が置かれ、ヒンディー語を含めたインド諸民族語の発達が妨害されてきたこと、また、イギリス時代、とくに帝国主義支配の段階で、イギリスは、インドを分割支配する鉄則を貫くために、ヒンドゥーに対抗してインド＝ムスリム擁護の方針をあからさまにし、ウルドゥー語の支持政策を打ち出していたことが指摘される。むろんイギリス時代でも、インドの諸民族語の発達を妨害するために、特定民族の居住地域を不当に幾つにも分断する政策がインド各地で採用されてきたのである。

ネルーは今世紀におけるヒンドゥスターニー民族の発展の不可避的な結果としてインド政治に登場すべく

して登場した。しかも、インド最強のグジャーラーティーブルジョアジーのチャンピオンであるマハートマー＝ガンディーとの強力な提携をもとにして登場したのである。寄らば大樹の蔭ということなのであろうか。一九〇七年のスーラト大会以降、インド国民会議派は、ベンガルやマハーラーシュトラの「過激分子」を追い出しながら、同時にグジャラート系の大ブルジョアジーの代弁者たちによって指導されてきた。側近派の指導者たちは、第一次大戦半ばに相ついで政治戦線から後退していく一方、かれらは次の時代に安心して席を譲り得る後継者としてガンディーを予定していたのは火を見るよりも明らかなことである。ガンディー自身も、たとえばティラクの政治活動上の宿敵で側近派の代表的な指導者であったゴーカレーを「わが政治上の師《グル》」とさえ呼んでいた。

では、ガンディーとネルーを結びつけた思想的な契機は何であろうか。ネルーが新興ヒンドゥスターニー民族の理想主義的な立場を代表したとすれば、ガンディーはグジャラーティー民族の先進的な立場に基づく老練《ろうれん》な経験主義を背後に抱えていた。しかも、在来の民族的な指導者と異なって、ネルーやガンディーは、若き日に外遊していたということで、祖国インドを丸ごとに把握できるという有利な体験を共有していた。それぞれが異国の生活の中に、祖国のゆくえを否応なしに模索せざるを得ないという民族主義者としての最小限の資質を互いに育てていたのである。サッティヤーグラハ運動の進行する中でガンディーは非協力、不服従、ハルタール、断食といった抵抗方式を次から次へと採択した。断食を除いて、これらの抵抗方式はすでに二〇世紀の初頭にティラクがほとんど創出していたわけであり、ネルーは今度は自分の目でティラク主義者ガンディーの実践方式を確認することができた。なるほど、ガンディーはゴーカレーをわが師である、といってはいるが、現実の政治史の推移をつぶさに追っていけば、ゴーカレー―ガンディー路線というよりは、ティラク―ガンディー路線ともいうべきものを発見するのに手間はかからないのである。

ネルーとガンディーとの握手は、今述べたように、資本主義発展の面からすればグジャラーティー資本とヒンドゥスターニー資本の提携という現実を反映していた。それと同時に、帝国主義支配が一段と強化されてくる状況の中で、ブルジョアジーを先頭とする民族独立運動は、広汎な大衆的な規模で推進される段階に進み、一方で勤労大衆を先頭とする民族解放運動が進行する過程で、ネルーとガンディーの強固な結合と指導は益々切実な意味を持ってきた。このように、第一次大戦の終了を契機としてインド国民会議派の指導部がグジャラーティー系とヒンドゥスターニー系の民族的指導者により占有される新しい局面が開始され、こうした指導体制は一九三〇年代、第二次大戦期から一九四七年の政治的独立を経て今日までも変わることなく続いてきている。ときとしてネルーはガンディーの考え方や行動のし方に公然と反発もしたり批判もしている。たとえば第一次サッティヤーグラハ運動をガンディーが抜き打ち的に停止した時、獄中にあったネルーはガンディーのやり方に憤激している。ガンディーの運動停止の理由とされた農民の警察署の焼打事件などは、「インドのような広大な人口の国では時として発生をくい止めがたい、非暴力的な行動の理論と実践について、私たちは三億あまりの人口に達するインド人を訓練すべきなのか」と皮肉たっぷりの疑問をネルーは『自伝』の中で語っている。しかし、こうした疑問を出したにもかかわらず、ネルーはガンディーを支えていたインド国民会議派に見限りをつけたのではなかった。逆に会議派を中心にしてあらゆる政治行動を推進して行くという点では最初からネルーとガンディーは固く結ばれていた。この辺の事情が確認されると、師としてのガンディーにネルーが教えを求め、ガンディーがあらゆる面で、ネルーの発言や行動を頼みとするにいたった関係は、いとも容易に理解されよう。

ネルーと勤労大衆――(1)　世界大戦後におけるインド現代史の歩みを下から支えた動きの中に労働者農民の組織と運動の発展を見落としてはならない。一九二〇年一〇月、全インド労働組合会議の創立大会が商工業都市ボンベイで開かれ、これまで孤立し分散していた労働組合が組織的に一本化された。大会の初代議長には、パンジャーブ出身の民族派の指導者ラーラー＝ラージパット＝ラーヤが選出されている。ラーヤは第一次大戦期にアメリカに亡命しており、その間に日本を訪れ、キリスト教社会主義者として有名な安部磯雄と接触したことがある。ネルーは政治活動の

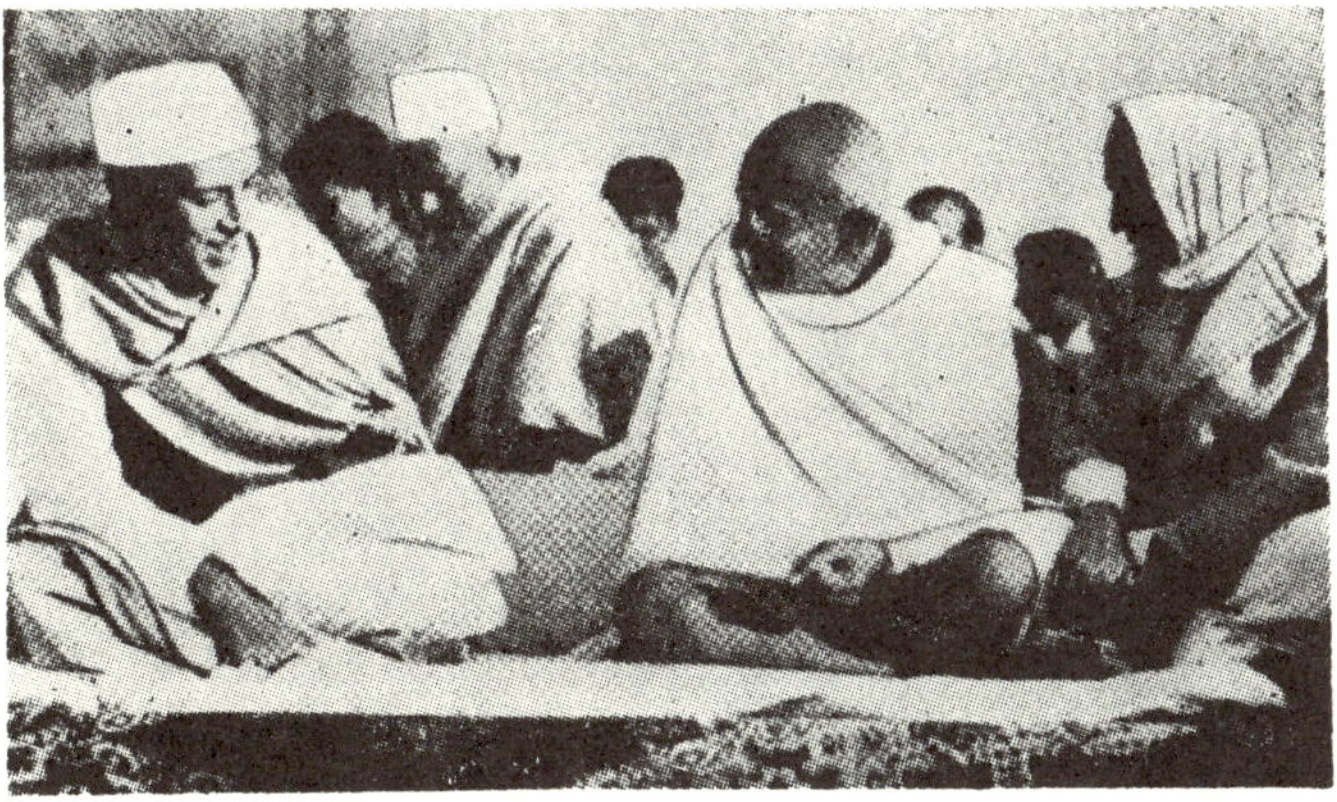

ガンディーと共に

当初から、労働運動の積極的な推進者ではなく、労働運動に特別な関心を払っていたわけでは決してなかった。しかし、二〇年代の後半、インドの政治、経済情勢が急速に悪化し、イギリスの植民地政策がサイモン委員会の任命――インドの行政改革を目的としながら委員会はインド人を排除していた――にみられるように一層明白になるなかで、労働組合の運動はおおきく発展した。ヨーロッパの新しい息吹《いぶき》を自分の肌で感じ、社会主義ソビエトを訪れ帰国したネルーは、本来民族主義者でありながら、気持ちの上では社会主義者的な言動を展開していった。一九二八年一二月、ネルーは全インド労働組合会議（第九回大会）の議長に就任し、翌二九年一一月に開かれた第一〇回大会でも再び議長に選ばれた。この組織は三〇年代初頭にイデオロギー上の立場の対立から左右にいくつかに分裂していったけれど、ネルーが、インド政治の上できわめて緊迫していた時期に、一方で会議派議長の大役を務めながら、インド最大の労働組合の指導的な地位にあった事実は注意されてよいであろう。二〇年代の後半段階でこの労働組合はようやく従来の労使協調主義的な性格を脱し、賃金の増加と労働条件の改善を軸にしながら、インドの独立と革命を求める政治的な要求を提起することになった。こうした面ではネルーの役割はかなりの重みを持っていた。しかし、より根本的には、インドにおける社会主義運動の発展がこの時期の労働運動に大きく影響を与えていた事実がある。

すなわち、一九二五年一二月、北インドの新興工業都市カーンプルでインド共産党の創立大会が開かれた。共産党の指導部は、労働運動から出てきた進歩的分子と、ソ連の東方勤労者大学に留学して帰国したマルクス主義者とからなりたっていた。もっとも、この前衛組織は最初から共産党という看板を掲げず、一九三〇年代の初めにいたるまで、労働者農民党という名称で合法政党としての活動を展開した。イギリスの植民地支配の下で共産党の名称のもとに公然と政治活動をおこすことは不可能であったことが、当時の指導者によって回想されている。

労働運動にまつわるネルーのエピソードがある。それは労働組合幹部に対するイギリス側の有名な弾圧事件、すなわち、一九二九年のメーラト訴訟事件の弁護人にネルー父子が一役買っていることである。被告人の中には全インド労働組合会議の幹部が数多く含まれていた。ネルーの音頭で被告人弁護委員会が作られ、父が委員長となり、インド内外に同情と支援を求める活動を始めた。たいがいの被告が共産主義者であった事実は、ネルーにとって問題ではなく、むしろ、「メーラト裁判はインドの全労働者階級に打撃を加えたものである」と明確に判断していた。イギリス側の告訴理由は、被告人がイギリス国王のインドに対する主権を剝《はく》奪《だつ》しようとしたところにあるとされ、いわゆる反逆罪が適用された。なぜ、メーラトのような北インドの地方都市で弾圧裁判が行なわれたかといえば、ボンベイやカルカッタと違って、メーラトの地区裁判所では一名の地区判事と五名の陪席判事で、いとも簡単に裁判を行ない、判決を下すことができたからである。このメーラト裁判は、はからずもインドの勤労大衆と知識人が共産主義者によるインドの現状分析と革命の戦略・戦術を明確にはあくする絶好の機会をもたらした。一九三一年、被告団は法廷でぼう大な総括陳述を行ない、当面するインド革命を労働者階級の指導のもとに労農同盟を基礎とするブルジョワ民主主義革命と規定し、これが社会主義革命に転化するという二段階革命論を打ち出した。これは当時横行していたテロリズムに対して終止符をうち、トロツキズムに対しても大きな打撃を与えることになった。

ネルーと勤労大衆—(2)　インドの圧倒的な多数を占める農民は長い間にわたって植民地主義、封建主義、資本主義の三重の抑圧のもとで苦しめられ、その足かせを破壊しようとくりかえし反乱を起こしてきた。絶望的、刹那《せつな》的な農民反乱から、組織的、発展的な農民運動へのインド農民の全国的な規模での成長は、インド現代史を形成する基本的な条件をなしている。すでに二〇世紀の始め、南部インドのケララ地方では、ブラーフマンを頂点とするカースト制度の最底部にいた農民たちは、カースト制度反対運動を組織して、ナンブーディリーと呼ばれるブラーフマンの権威に挑戦していた。この反カースト運動は第一次大戦後には会議派、会議派社会党（一九三四年創立）、および共産党の指導のもとに反帝国主義、反植民地主義を掲げる強力な農民運動に発展している。一方、パンジャーブではシーク教徒の農民によるアカーリー（不滅）運動が第一次大戦後に発展し、シーク教の教義の回復を目指して、シーク寺院に巣くっている僧職者、実は高利貸・地主に抵抗して立ちあがった。僧職者はインド政庁の軍隊の支持のもとに農民運動を抑圧してしまったけれど、アカーリー運動はパンジャーブ農民運動の門出を飾ったのである。

ネルーと農民との出合いは一九二〇年のことであった。アラーハーバードの近郊の農民の一団が村の生活の窮状をうったえるためにアラーハーバードにやってきた。ネルーは友人に誘われて農民がすわりこんでいるところに出かけていった。農民たちは「一度私たちの村に出かけて来て、地主の残酷をきわめる搾取《さくしゅ》と非人道的なやり方を見て欲しい」とうったえた。そこでネルーは仲間たちと村に出かけていく約束を行なった。ネルーは次のように村民のようすを自伝で書いている。

「農民たちは、あたかも私たちが良い便りの使者で、約束の地に農民たちを導いて行く案内者であるかの如く、親愛の情を示し、希望にみちた眼《まなこ》で私たちを見た。農民たち、農民の貧しさ、農民の溢《あふ》れるような感謝を見て、私は恥しさと悲しさとで一杯になった。私自身のいい加減で快適な生活と、このボロをまとっているインドの大多数の息子や娘たちを、見て見ぬふりをしている都会のつまらない政治のかけひきとに対する恥しさであった。インドの荒廃と人を圧倒する貧しさに対する悲しさであった。裸で、飢えて、押しつぶされ、とことんまでみじめな、ま新しいインドの構図が私の眼の前に浮かんでくるようだった。はるかなる都市からひょっこりやってきた訪客である、私たちによせる農民たちの信頼感は、私の心を当惑させ、ぞくぞくするような新しい責任感で私の心を一杯にした。」

ネルーが農民と接触したことは大げさにいえば神の啓示にふれたようなものであった。そして農民の生活の貧しさを規定している地主制度を中心とする農業問題に思いを致し、自伝では、北インドにおける農民運動の躍進を語ると共に、農民問題の本質は、とどのつまり、ザミーンダーリー制度と呼ばれる地主制度に求められることを指摘している。ネルーが議長に就任した会議派第四四回大会（一九二九年、ラーホール）はインドの完全独立《プールナ・スワラージ》の要求を決定したことであまりにもよく知られている。しかも、この大会は同時に全インド[1]

1）国民会議派の州代表からなる中央委員会のこと。

会議派委員会に対して、小作人の税不払い運動を開始する権限を与えており、この措置は特に北インドで農民運動の発展に大きな意義を与えることになった。

こうした反面、ネルー自身は農民の解放運動を生涯の一貫した課題とするという立場から大戦後の農業・農民問題を提起しているわけではなく、また自伝にみえている農民運動の記述が、そのまま当時のインド農民運動の全体の姿を伝えているわけでもない。ネルーが自分の視野のなかにインド農民の苦悩や喜びをそれなりに把握していたということと、インド農民運動自体の展開過程とは一応区別してかからなければならない。たまたま、ネルーの政治活動の開始期と農民運動の組織的な開始期とが二重になっているにすぎない。インドにおいても日本においても、この点が必ずしも明確にされないまま、さまざまな解釈が試みられてきた事情もあり、この際、注意しておく必要があろう。

大戦後の農民運動はまず州単位で組織化された。たとえば一九二二年、つまりガンディーの指導したサッティヤーグラハ運動が停止された後、ビハール州で農民組合《キサーン・サバー》が会議派のきもいりで発足した。しかし、農民組合の一部の進歩的な幹部が、この時点で本格的な農民解放運動を進めるためには、いくつかの障害に直面しなければならなかった。まず、革命的な土地改革綱領を提起すべき勤労者の政党がいまだに存在していなかったことである。ちなみに、一九二五年に創立されたインド共産党、つまり労働者農民党はあくまで労働運動を中心に活動しており、二〇年代も押しつまった時点で、ようやく農民運動に一定の指導力を発揮しうることになる。また、会議派系の幹部が農民組合を左右している限り——こうした事態は三〇年代半ば過ぎまで続くが――、かれらは農民運動を推進するという名目の下に、実は農民組合組織をくい物にする場合が普通であった。ネルーに代表されるような指導者は別として多くの幹部は地主階級から出てきていた。たとえば、一九三七年のいわゆる州会議派政府[1)]を実現するために会議派の政治家たちは「農民の勝利を!」というスローガンを掲げ農民の利益代表のような顔をして選挙に出馬したのであった。しかし、政権の座につくと同時に、この人たちは公約とは無関係な政策、むしろ反農民的な方針を次から次へと打ち出していった。

一九三六年四月、労働運動との堅い同盟を基本方針とする全インド的な規模での全インド農民組合の創立大会が北インドの都市ラクナウーで開かれたのであった。

ヨーロッパ・ソビエトへの旅

一九二六年の三月、ネルーはヨーロッパ訪問の途についた。自伝ではつぎのようなくだりが見られる。

「一三年を上廻る年月――戦争と革命と巨大な変革の年月――が過ぎ去った後、私はヨーロッパへの途上にあった。私が知っていた旧世界は世界大戦の流血と恐怖の中に姿を消してしまい、新世界が私を待っていた。ヨーロッパ滞在は六、七カ月、精々《せいぜい》年末までという予定であった。実際には私たちの滞在は一年九カ月にも及んでいた。」

この旅行は単なる観光旅行ではなく、病弱の妻カマラーの療養が目的であった。ところが、一九二六年の

1) 一九三五年のインド統治法にもとづき限定的な州自治が認められ、選挙が行なわれ州会議派政府が作られた。

ネルーの処女作『ソビエトーロシア』

暮、ネルーはドイツにいた際に、隣の国ベルギーの首都ブラッセルで被抑圧諸民族会議が開かれることをたまたま知った。ネルーはただちに本国の会議派と連絡をとり、会議派代表として翌二七年二月に会議に出席した。当時、ヨーロッパでは被抑圧諸民族と労働者、および被抑圧諸民族の相互の間になんらかの統一行動を導き出そうという張りつめた空気が流れているのをネルーは鋭くとらえていた。この会議には目ぼしいところでは日本から片山潜、中国から宋慶齢、ヴェトナムからホー＝チ＝ミン、フランスからロマン＝ローランが出席している。もちろん、各国の労農運動の指導者——多くは共産主義者——が会議の進行に大きく寄与していた。地域的にはヨーロッパ、アメリカのほか、東アジア、東南アジア、アラブ、アフリカを含み、民族主義者が席をつらねていた。会議の席上、反帝国主義同盟という常設機関の設置が決定され、ジョージ＝ランズベリー（イギリス）が議長になった。ネルーはこの同盟の執行部委員の一人に選び出されている。反帝国主義同盟の席上でネルーは、抑圧的な条件に置かれている民衆の敵は同一のものであること、インド国民会議派の行動は民族主義[1]に基づきな

1) 植民地と半植民地の民衆の反帝国主義的な思想と行動をさす。

がらも、その民族主義は国際主義[1]に基礎を置いていること、さらに、今日最強の帝国主義国はイギリスであり、イギリスのインド支配がエジプトなり中国なりの不遇な状態を強化していることを指摘している。

こうした性格の国際会議には、前に述べたダーダーバーイーが一九〇四年にアムステルダムで開かれた第二インターナショナルの大会に参加しており、会議派の歴史の中では前例のあることであった。しかし、社会主義国がすでにソビエト連邦という形で成立している段階で、少なからぬ数の共産主義者と民族主義者が一場で共通の方向を確認すること自体、現代世界史の新しい展開を意味するものであった。

一九二七年夏、ヨーロッパに滞在中のネルーに父と妹が合流した。その秋、ネルーはモスクワの対外文化協会からロシア革命十周年記念祝典に参加するように招待をうけ、妻、父、妹と共にベルリンから鉄路モスクワにむかった。訪問旅行は時間が押しつまったところで実行されたため、祝典そのものには列席できなかったけれども、祝賀の喜びに溢《あふ》れているモスクワの街頭や勤労大衆の表情の中に、ネルーは社会主義建設の力強い槌音《つちおと》をたしかめることができた。このソビエト旅行は反帝国主義同盟に出席したこと以上にネルーのまともなソビエト観の形成に寄与した点で大きな収穫であった。理論体系としての社会主義思想については、ネルーはすでにかなりの関心を寄せていたし、限られた条件のなかで書物も読んでいた。しかし、ソビエト国家に関する限り、多かれ少なかれ、イギリス側政治家の評価、むしろ中傷といったものを知らず知らず自分の頭の中に固定させていたようである。

1) 諸民族との平和・友好に徹した行動・思想をさす。

ソ連から帰国後、南インドの「ヒンドゥー」紙を初め、いくつかの新聞に、この新しい国ソビエトの印象を書き綴り、一九二九年にネルーとしては、おそらく処女作となる『ソビエトーロシア』という書物を刊行した。数日間の滞在でソビエトの印象を語るのは、おこがましいことであると断わりながらもネルーの観察はなかなか鋭いものがあった。そのやや具体的な内容は「思想編」でとりあげることにして、書物の末尾に見える「ロシアとインド」の部分に触れながら、イギリス側の中傷をみごとに反論して行くネルーの立場に注意をむけたい。第一に、イギリス側はインドがロシアに対して敵意をもつよう巧みにしむけてきている。ロシアのインド侵略という口実のもとに、インドの負担でインド政庁は軍事費、つまり国防費を増大してきた。ツアーの専制政治が打倒された後でも英露間の緊張は続き、ソビエトが今度はインドをおどかしている、と聞かされてきた。革命後のソビエトが帝国主義の干渉戦と帝国主義と結んだ国内反動分子との国内戦を乗り切って国内建設を進めてきた現実を注視する時、好戦国ロシアというい方はまったく根拠のないものだと、ネルーは批判する。第二にインドがソビエトとの間に好意的な関係を樹立しうるという立場からネルーは、両国家の間を最高の隣人関係として把握する。「私たちのインドが、イギリスとロシアの宿年の競合をそのまま継承《けいしょう》すべき何らかの理由があるのでしょうか」とネルーは疑問を発し、「インドを競合にまきこもうとする態度は英帝国主義の貪欲《どんよく》さに基づくものであり、わたくしたちの関心はまさにこの帝国主義に終止符を打つところにあり、それを支持したり強化したりするところにはありません」と述べている。

日本の中国侵略批判

一九三〇年代の半ばという時点で、ネルーは「中国、アビシニア、スペイン、中欧、インドその他の地における政治的、経済的なそれぞれの問題は同一物のさまざまな側面であり、同一の世界問題である」ということを自伝で語っている。現代インドの直面する課題は、同時代の被抑圧的な条件におかれている諸民族の抱えている諸問題と深く結合しあっているという認識、さらに簡単にいえば被抑圧民族の直面する課題は国境・皮膚《ひふ》の色を越えて同一である、という認識に到達していた。この認識の進化がネルー自身の自伝をまとめあげるひとつの契機をもたらしたのであった。

三〇年代の後半といえばヨーロッパとアジアの全域にわたってファシズムと世界大戦への危機が一段と深まっていた。三六年二月に人民戦線政府がフランスと並んでスペインに成立すると、七月にはフランコに指揮される反革命軍が独伊の後押しで反乱をおこし、三年間にわたって、ヨーロッパ現代史の上で有名なスペイン戦争が爆発し、全世界の心ある人々にショックを与えた。アジアでは一九三一年以来、日本の対中国侵略は満州事変を経過する中で華北から華中へと拡大し、三七年七月には日中戦争の開始という決定的な段階に突入していた。もちろん、中国では五・四運動[1]以来の民族解放運動が一段と高揚していた。

第一次大戦後のインド民族独立運動の最大の特徴は中国の民族解放運動との間に連帯行動を作りあげたところにある。二〇年代の後半、インド国民会議派は、インド人部隊とインド人警察がイギリス側により、中国で中国民衆の弾圧のために使われていることをきびしく批判していた。たとえば、一九二八年にカルカッ

1) 一九一九年五月四日、北京大学学生の反帝運動を口火に労働者・農民の民族解放運動が開始された。

タで開かれた会議派大会では、インドが周辺のアジア諸国の仲間——主として中国人民——にたいして手をさしのべることと並んで、日本は帝国主義的な色彩をもっているが日本の民衆はみずから民主主義を確立する必要性を理解しはじめていることが決議として確認されている。日中戦争の開始直後の一九三七年一〇月には、全インド会議派委員会は、中国に対する日本の帝国主義的な侵略を批判し、中国人民の独立闘争を支持し、インド人民を代表して中国人民との連帯性を確認し、あわせてインドの国内にある日本製品のボイコットをインド人民に呼びかけるにいたった。ネルーは三八年六月にスペインを、さらに三九年八月には中国の重慶をそれぞれ訪問している。その詳細は一九四〇年に北インドのアラーハーバードから刊行された『中国・スペインと第二次大戦』に語られている。

一九三八年七月、スペイン戦争の視察後、パリに到着したネルーは、非武装都市の爆撃に抗議し、平和の回復を要求する国際会議に会議派の代表として出席した。会議でネルーは、

㈠ インド国民会議派がまもなく対中国医療使節団を派遣すること。
㈡ 数字が証明しているように、インドにおける日本製品のボイコット運動はいちじるしい成果をおさめていること。
㈢ マラヤでは、日本人経営の鉄とスズの鉱山で、中国人労働者が職場を放棄していること。
㈣ これらの鉱山で、中国人の代わりにインド人労働者が雇われたが、本国の会議派の呼びかけに基づいて、インド人労働者はみずからの生活上の犠牲を意味しながらも労働を拒否していること。

を報告している。翌三九年八月二一日、ネルーはカルカッタの空港から中国訪問の途についた。中国滞在は二週間に満たなかったけれど、訪問そのものはインドと中国との間の友好関係の発展の上に新しい局面をもたらしたのであった。重慶に着いてから、ネルーは、中国国民党指導部を初め、多くの民主的な諸団体から出てきた代表からなる歓迎集会に出席したのを皮切りに、蔣介石らに代表される国民党幹部や、中国共産党の指揮下の八路軍の指導者葉剣英らと親しく会談した。また、医療使節団――アタル博士を団長として三八年九月にインドを出発し、中国での活動舞台は延安にあった――の団員ムケルジー博士とも旧交を暖めることができた。この間、五回にわたる日本軍の爆撃を頭上に経験しながら、ネルーは放送を通じて、

「私たちの真に愛する中国とインドの独立のために、アジアのため、また世界のために中国とインドの協力が望まれる。」

と力説し、中国の敢闘精神をほめたたえ、日本による中国侵略を憎んでいると述べた。同時に、

「インドは日本の民衆に対して悪意を抱くものではない…。私は日本の民衆がその公正なる名前のうえの汚点をとり除き、平和と独立と民主主義の側に立つことを心から信じている。」

と結んでいる。中国滞在中、ネルーの訪問先は工場、サマースクール、軍事大学、青年団におよんでいた。

中国訪問の締めくくりとしてネルーは、

「この活力と決意をもった中国人民と、中国人民の背後にある長い年月にわたる力は、決して粉砕されうるものではない。」

と、その著『中国・スペインと第二次大戦』で述べている。ついで、八路軍が日本軍をくぎづけにした北西地区に行き、そこで行動を共にしている対中国医療使節団の全員の労をねぎらいたいと考えた。けれどインド本国の国民会議派による帰国の要請を国際放送で知り、いっさいをネルーは断念し、帰国の途についたのであった。このように、ネルーの中国訪問は、被抑圧民族インドの《非公式の大使》として、中国とインドの連帯行動を推し進める過程に大きな楔《くさび》を打ち込んだものであり、アジアの現代史に新しいページを開いたのである。

ネルーと第二次大戦

第一次大戦の折と同様に、イギリスの第二次大戦への参戦と共にインドは自動的に参戦国とされた。一九三九年九月のことである。ところが第一次大戦の場合と比べて、インドの内部の情勢、とくに会議派指導部の態度は決定的にことなっていた。

ネルーやガンディーに指導されるインド国民会議派は当初から反戦・非協力の方針を打ちだすことになった。戦争協力によってインドの運命を打開するといった、かつての甘い考え方はこの機に会議派指導部の頭から一掃されていた。ネルー個人の経験をふりかえってみても、ソビエト訪問の中に社会主義建設の息吹を、スペインの戦争の中にスペイン民衆の民主主義闘争の発展と英仏の政治家の掲げる民主主義理念の欺瞞《ぎまん》とを、また中国訪問の中に日本帝国主義と戦う中国民族の不屈《ふくつ》の闘争を自分の目で確認していた。ネルーも出席した開戦直後の会議派運営委員会[1]は、

「帝国主義の路線で遂行され、インドその他にある帝国主義の強化を意図する戦争にわたくしたちとしては加担することも協力することもできない。」

と声明し、続いて「インド人民は、外部の干渉を受けることなしに憲法制定会議を通じて自らの憲法を作成することで、民族自決の権利をわが手に持たねばならない。」と決議している。そのうえ、この運営委員会は、民主主義を守りファシズムと対決するというイギリス側が示した戦争目的は、インドに一体いかにして適用されるのか、とイギリス政府につめよっている。すでに民主主義理念を守るといった抽象的なことばはイギリス対インドとの関係に関するかぎり神通力を失っているという、驚くべき変化がここに認められるのである。

一九四一年、第二次大戦は新たなる転機を迎える。ヨーロッパではナチス＝ドイツによるソ連攻撃が六月になされ、これを契機にして戦争は、帝国主義戦争から反ファシスト人民戦争に転化したことが世界の進歩勢力により指摘されている。たしかに、ソビエト社会主義国は革命いらいの大きな危機に直面することになった。ネルー個人としてはこの戦争の局面の歴史的な変動を適切にとらえていた。つまり、戦争が進歩勢力の同盟者であるソ連、イギリス、アメリカ、中国と、日本、ドイツ、イタリアの反動勢力との間に戦われていることを鋭く見抜いている（四一年一二月）。

また、四一年八月には、ウィンストン＝チャーチル英首相とルーズヴェルト米大統領とが共同して大西洋憲

1）　会議派の執行機関で有力な指導者から成る。

章を作成し、全世界の諸国民の主権と自治政府が尊重されるべきことが明らかにされた。これは、作成者たちが意識するとしないとにかかわらず、結果としては第一次大戦期のウィルソンによる民族自決権に対比されるものであった。しかし、インドに関する限り、チャーチルは適用されないと発表し(四一年九月)、ルーズヴェルトは適用されると発表した(四二年二月)ことからもわかるように、英米の指導者間の足並みは戦争期にようやく乱れてきていた。もちろん、本来ならばチャーチル発言に会議派指導部は激怒したことであろうが、今回はほとんどインド側では問題にもされなかった。ネルーも『インドの発見』で憲章が出たことに触れているにすぎず、特別な関心も評価も寄せてはいない。少なくとも、帝国主義の側の美辞麗句《びじれいく》にのせられてしまうという歴史は二度とインドではくり返されなかった。前にも述べたように、四一年一二月の太平洋戦争開始の頃、ネルーは進歩勢力と反動勢力の対抗関係という視角から戦争期の特徴をとらえていた。日本がすでに救いがたい状態に落ち込みつつあることをネルーはそれなりに感じとっていたに違いない。太平洋戦争への突入を契機にして、日本帝国主義はアジアの現代史はおろか、世界現代史の流れのなかであえて孤児の道を選ぶことになったのである。

大戦期の会議派にとって最大の事件は、四二年八月のインド撤退要求闘争("Quit India" Struggle)の提起であろう。この年の二月、蔣介石がインド政庁の賓客《ひんかく》としてインドを訪問していた。太平洋戦争の開始という新しい条件が加わった結果、アメリカ側と中国国民党側のそれぞれの指導者は、一致して「インド問題を国際化すること」が可能となった。アメリカ側としては、日本に対抗するためにインドを物資の面でも人力の面でも前進基地にする必要性がにわかに表面化したわけであり、さしあたり、中印間の意志疎通を図《はか》るために、イギリス側を説得して蔣介石の訪印を実現させたものであろう。米中の両方からの圧力で四二年三月にイギリスはクリップス使節団を派遣したが、英印関係は打開されないままに終わった。同年八月八日に国民会議派はイギリスがインドから直ちに出てゆくべきであるという強硬な方針を打ち出した。この要求に対してイギリス側はネル！やガンディーを初めとする会議派の指導者をいっせいに逮捕し、会議派を非合法化した。この闘争は時には八月革命という表現でとらえられているけれど、実際にはイギリス側の弾圧の激しさを今更ながらに示した点で注目されている。すなわち、八月から一一月までの数カ月間に一〇万の会議派活動家が投獄され、一千名が殺され、三千名が負傷した。警察はあらゆる集会に無差別に発砲

ガンディー，ネルー，アーザード

し、有無《うむ》をいわせずに刑務所に人びとを追い込んだ。ネルーは他の会議派指導者、たとえばアーザード、パテールといった人々と共に、一九四五年の夏まで約三カ年アフマッドナガル要塞を初め、いくつかの刑務所で生活を送った。その間、会議派は組織的に大きな打撃を受け、極端にいえば会議派不在の時代が続いたのである。ネルーが『インドの発見』を執筆したのは実にこの獄中においてである。

八月闘争については、特にインド共産党の側から手きびしい批判が出された。四二年六月に合法的な立場を得た共産党は、独ソ戦の開始と共に帝国主義戦争が反ファシスト人民戦争に変わったという見地から、八月決議は国際的条件を無視していることを強調し、イギリス側の弾圧を批判すると同時に対戦争協力、つまりイギリスへの協力の方向を打ち出していた。こうした共産党の立場は、国際的な条件の重視という面では筋が通っていたけれど、国際的な条件とインドの独立と革命という国内問題との関連が必ずしもキメのこまかい論理で組み合わされていなかった。そのために会議派と共産党との間には埋めることのできない溝《みぞ》が作られるにいたった。とにかく会議派の事実上の不在という局面で、共産党は労働運動と農民運動のふたつの戦線で強固な指導権を確立した。また党は、四二年九月に有名な多民族連邦国家の建設構想を打ち出し、南インドのケララ、中部インドのアーンドラ地方で民族統一を進める戦いの先頭に立った。

大戦期のインドで見落としてはならない事件としては一九四三年のベンガル飢饉がある。大戦の開始と共に、国民会議派州政府はそろって辞職し、戦争の進行と共に、大衆生活は急速に悪化していた。折から日本軍はビルマ国境からインド侵入の機会をうかがっていた。このとき、インド政庁は日本軍の東部インド侵入を阻止するために「焦土作戦」を実行したのである。小舟・自転車・牛車など一般大衆の食糧を初めとする生活必需品の運搬手段が、日本軍に利用される可能性があるとの理由で、イギリス人の役人により徴発された。ベンガルのデルタ地帯（ガンジス川下流）の村や町に死が襲いかかった。食糧の欠如と疫病のため、四三年から四四年の初めにかけて、少なく見積もっても三五〇万人の生命が奪われていった。

「この飢饉はインドにおけるイギリス支配の行きついた頂点であり、結実であった。この飢饉をもたらしたのは天変地異や自然現象ではなく、また現実の作戦や敵方の封鎖によって引き起こされたものでもなかった。それは予知することができ、回避することができたはずの人為的な飢饉だったというのが、責任ある観察者のだれでもが一致した見解である。」

と、ネルーは『インドの発見』のなかで飢饉の張本人がイギリスであることを批判している。一般にいわれるようにベンガルの飢饉が発生したのではなくて、イギリスによりベンガルの飢饉が演出されたのであった。ネルーは救済活動に参加こそできなかったけれど、獄中で手にした情報をもとにしてイギリスの集団的な殺人行為の本質を正しくとらえていたのである。

独立前夜のインド

第二次大戦も終わりに近づいた一九四五年六月、イギリス側と会議派、全インドームスリム連盟の三者会談がシムラで開かれた。戦争期に一般大衆、わけても勤労大衆から浮きあがっていた会議派はパキスタン独立の旗を掲げて狂信的につき進んできた連盟を前にしながら手も

インド海軍の反乱（1946年）

足も出ない状態にあった。インド亜大陸の分離独立という妖怪《ようかい》が政治舞台に登場していた。

ネルーやアブール＝カラーム＝アーザード（一八八八―一九五八年）は分離独立案を正面から批判する立場をとっていた。しかし、会議派の指導部は全体としてイギリス側の分割構想の枠《わく》の中にじりじりとひきずりこまれて行くと同時に、ムスリム連盟側の設定したヒンドゥーとムスリムは二つの民族をなしているという迷論に引きよせられていった。

戦後の政治的な交渉のゆきづまりを打開する指導権はイギリス側に先取りされ、四五年末の中央立法会議の選挙、四六年初めの州議会選挙、同年一〇月の中間政府の発足、一二月の憲法制定会議の開催など、矢つぎばやに出されたイギリス側の似非《えせ》議会制民主主義制度のバスに乗り遅れまいと、会議派指導部は必死に立ちまわった。イギリス側は議会制民主主義の理念に弱い会議派指導部の立場をみごとに逆用することによって、植民地のゆらぎつつある支配権力が共産主義者の手中に帰することをくい止めたのであった。政治闘争の前面からガンディーが後退したのは三〇年代

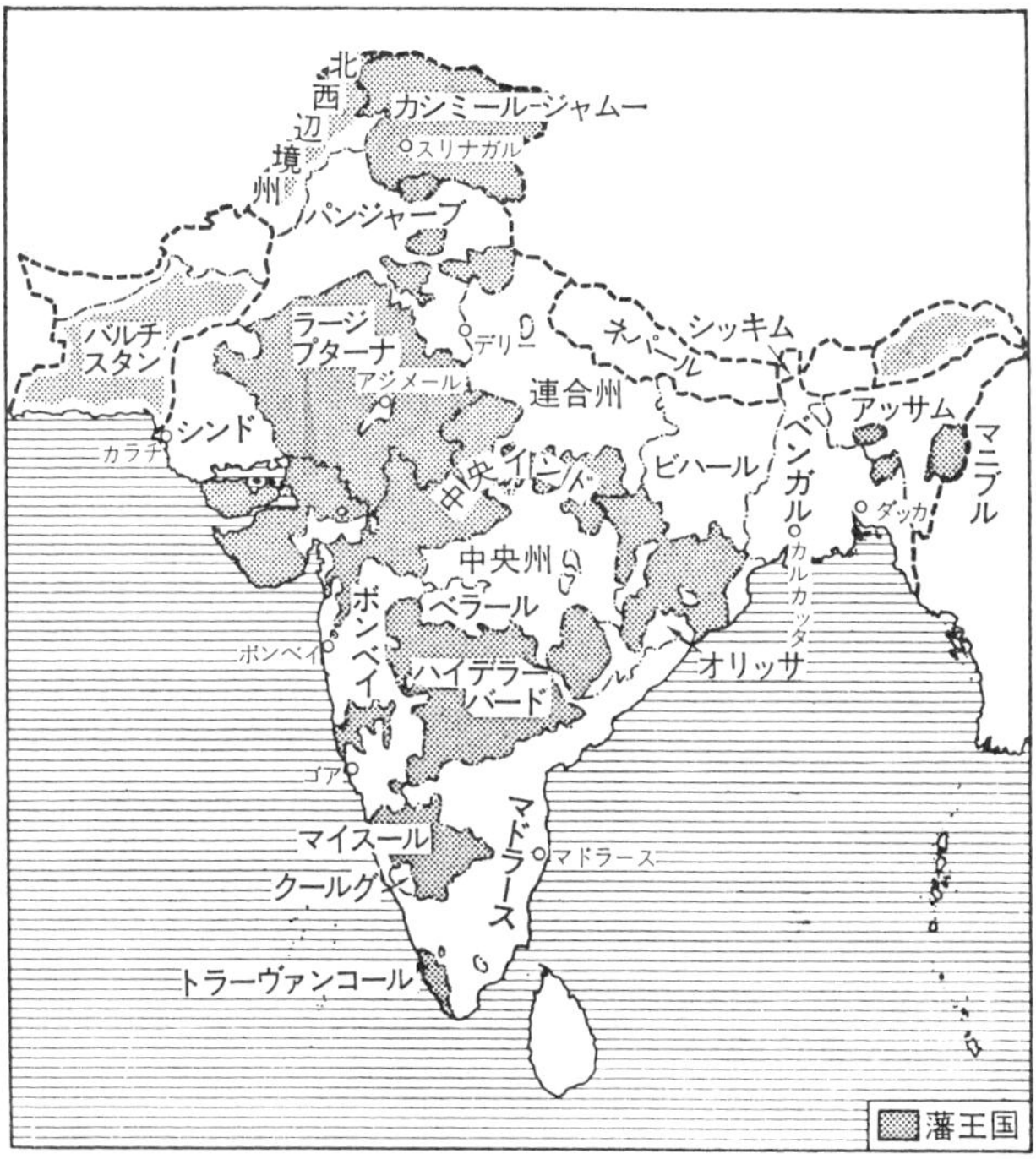

独立前夜のインドの政治地図

地図からわかるように，白い部分がイギリスの直接支配地域である。そのなかに藩王国がモザイクのようにちらばっている。

半ばのことであった。今やガンディーとしては政治組織たる会議派の「有力者の地位」からも身をひかざるを得ない権力政治、たとえば、官僚機構のポスト争いの渦《うず》が激しくまき始めていたのである。

このように、会議派はイギリス側が設定した「権力の移譲」という合法的な、非革命的コースに自己の行動を限定してしまい、会議派としてはインド、パキスタンの分離独立を結局認めることになった。インド総督マウントバッテンの分割計画（四七年六月）を前にして会議派主流派のラージェーンドラ＝プラサードやサルダール＝バッラブバーイー＝パテールは連盟の考え方、つまり、ヒンドゥーとムスリムは共に二つの民族を形成しており、この「両民族」が分離した独立国家を形成することは当然であるという立場をとるにいたった。政治的独立の期日を一九四七年八月一五日にしないで、二年なり三年なり先に延期してまでも、インドとパキスタンの分離を阻止しようと意図した会議派ムスリムの指導者アーザードは、独立前夜に会議派の内部では完全に孤立していた。パテールの強引な圧力のために、ネルーやガンディーまでも分離独立を認めざるを得ない事態となったのである。

ムハンマッド＝アリー＝ジンナーにひきいられた全インドームスリム連盟は、一九四〇年のラーホール大会以来パキスタン（清浄《せいじょう》なる地）の独立を要求してきた。連盟は、三〇年代の終わりから大戦をはさんで分離独立にいたる間に党勢力を極度に拡大し、大衆政党になったといわれている。こうした変化の背後には、三〇年代の後半にインドームスリムの勤労大衆が、インド共産党の提唱した民族統一戦線のなかに想像以上に流れこんだ事情があった。そこで、インド政庁としては従来の官吏登用面におけるムスリム優遇政策の採用といった一時しのぎの手段では間に合わないことを「反省」し、インドームスリムの独立要求を政治体制の一本化、つまり、独自の国家建設の支持を推進する方向に踏みきったのである。第二次大戦期の後半、会議派による独立運動がイギリスにより大弾圧をうけた局面で、連盟は会議派の主張するインド独立が実はインドームスリムの総奴隷化を意味するという宣伝を集中的におしだしてきた。連盟は一方でイスラームの危機感を煽《あお》ると同時に他方ではパキスタンの実現を積極的に推進した。後進的な段階におかれたムスリムーブルジョアジーは一歩先進的な位置にあるインドーブルジョアジーに対抗するためにイスラームの危機という「伝家の宝刀」を無差別に行使したのである。会議派内部の指導者、プラサードやパテールは連盟側の要求と行動に、いとも簡単に屈した面があった。

会議派と連盟の共演による分離独立のドラマが進んでいくなかで、下からのインド民族の統一行動と統一理念を打ちだしたインド海軍の反乱について注意しておく必要がある。一九四六年二月、ボンベイ港の練習船タルワール（宝剣）号のインド人水兵は待遇改善の要求からストライキをおこし、やがて、このストライキはインド各地の艦隊に連絡され、四日目にはインド海軍の全水兵が反乱に参加した。ボンベイでは二〇万の労働者が同情ストライキをもって水兵の英雄的な反乱に呼応した。水兵の経済的要求は政治的要求に発展し、インドの独立と革命といったスローガンが掲げられ、イギリスの国旗にかわってマストには会議派、連盟、共産党のそれぞれの党旗がひるがえった。イギリス側は独立をめぐって局面の打開工作に急遽《きゅうきょ》乗りだした。他方、会議派と連盟の指導者たちは犠牲者を一人も出さないという条件で反乱の停止を水兵に呼びかけ

ネルーの首相就任

た。ネルーはこの反乱に対して積極的な評価を下していた。しかし、ネルー以外の国民会議派指導者はイギリスのインド引き揚げは、もはや、時間の問題であり、その荷作りの手伝いをしてやることで十分なのではないか、と考え、反乱の「収拾」にもっぱら力を入れていた。

インドの独立達成と会議派政府の成立

一九四七年八月一五日、インド亜大陸にはバーラット[1]とパキスタンの二つの国家が生まれた。八月一四日の夕方、新しい首都ニューデリーの市民は円状型の国会議事堂にむかうネルー、プラサードら会議派指導者に拍手を送るべく、沿道にぎっしりと立ち並んでいた。ネルーは同日夜議事堂で開かれた憲法制定会議の席上で、次のような独立に際しての演説を行なった。

「その昔、私たちは運命との会合を約束した。今や私たちはその約束を全面的というよりは実質的に果たす時がきた。世界が寝静まるとき、夜《や》半《はん》の鐘が鳴ると同時に、インドは生命と自由に向かって目覚めるであろう。歴史上にめったにはない瞬間がやってくる。その時、私たちは古きものより新しきものへと一歩を踏みだす。その時、ひとつの時代が終わり、長く抑圧されていた一民族の魂が言葉を見つけるのだ。この厳《おごそ》かな瞬間に私たちがインドとその人民への奉仕、また、人類の一段と崇高な目的にいっさいを傾ける誓いを立てることは当を得たものである。……私たちは今日不運な時代に別れを告げ、インドは再び自分の姿を発見する。」

独立とともに新しいインドの行政権はネルーを首相兼外相とする国民会議派内閣に、立法権はプラサードを議長とする憲法制定会議に、それぞれイギリス側から移された。つまり、八月一五日の時点で政治権力は会議派が指導するインド政府に掌握されたのである。また、イギリスのインド支配の頂点にあったインド総督もかつての権限をいっさい失って名目上の地位に変わり、会議派の求めに応じてイギリス人マウントバッテンが翌四八年六月までその地位にあった。そのあとにはラージャーゴーパーラチャリー[2]が、一九五〇年一月のインド憲法の制定まで最初にして最後のインド人総督をつとめている。また、四九年九月まで、司法権はイギリス枢密院によって行使されていたが、やがてインド憲法の制定と共に発足した最高裁判所がこれをひきついだ。枢密院は裁判上の残務整理という役を果たしていたのである。一方、イギリスのインド支配の鋼鉄の枠といわれてきたインド文官《シヴィル・サービス》職の約半数がイギリスとパキスタンに去り、行政制度に大きな変動が見られた。かつては民族運動を弾圧するところの尖兵《せんぺい》であった警察も、新政権が丸ごと抱えることになり、陸海空におよぶ軍隊もその三分の一はパキスタンに割当てられたとはいえ、残りはすべて新政府の直接指揮の下におかれるにいたった。

1) インド諸民族語で自国インドをこのように呼ぶのを通例とする。

2) 一九五九年に会議派に反対するスワタントラ党を結成した。

この政治的な独立は一面でイギリス帝国主義による直接支配に止《とど》めをさしたという点で第二次大戦後におけるアジアの諸民族の発展の一翼をになっていた。インドの現代史に大きな転換をもたらしたことはいうまでもない。独立は植民地・半封建社会から独立・半封建社会へのインドの段階的な移行を明示した。

同時に、独立が、インド側の支配層（資本家階級・地主階級）とパキスタン側の支配層（資本家階級・地主階級）との間の政治支配圏と経済支配圏をめぐる人為的な領土画定を意味していた事実を否定することはできない。この分離独立は、単なるイスラーム（パキスタン側）とヒンドゥー教（インド側）との間の対立によって実現したのではなかった。現実の歴史の語るところに従えば、今述べたように双方の支配層のみにくい縄張り争いと縄張りの画定という性格がきわめて濃いものであり、分離に基づく、経済的、政治的、言語的、文化的な面での民衆の生活に与えた打撃は実に大きいものがあった。八月一五日以後、インドとパキスタンの双方でヒンドゥー対ムスリムの衝突が急速に増大した。分離にともない、インド内部のムスリムは東西両パキスタンに移住を開始した。他方、西パキスタンからはヒンドゥーとシークがインドへ、また、東パキスタンからもヒンドゥーが西ベンガルへと続々と移住を行なった。多くのものは着のみ着のままで目的地にたどりついた。殺人、強盗など動乱期につきもののありとあらゆる犯罪が発生していた。避難民《レフュージー》と呼ばれる、これらの大量移住者の生活保護対策がインド・パキスタン両政府の社会政策の第一の課題とされたことも何ら不思議な話ではない。ネルーは独立の式典の興奮のさめやらぬ首都ニューデリーを後にして、ヒンドゥー、ムスリムの衝突を緩和する旅に出なければならなかった。独立の代償はあまりにも大きかった。

一九四八年一月三〇日、ガンディーはニューデリーの広大なビルラ財閥《ざいばつ》の邸の一角で夕べの祈りにとりかかろうとしていた。そのとき、国粋的政党であるヒンドゥー＝マハーサバーに属していた一青年によるガンディーの暗殺事件が発生した。この事件はただちにデリーからインド各地はもちろん全世界にむけて打電された。同日夜、ネルーは放送を通じて、

「友人たちよ、仲間たちよ。光が私たちの間から消えてしまい、いたるところに暗黒がある。私には今君たちに何を語り、どのように話すかがわからない。私たちの親愛なる指導者、バープーと私たちが呼んだ、インドの父は今はこの世の人ではない。……この際、私たちは手をとりあわなければならない。この災難に直面して、小さな紛争や難題や衝突には、けりをつけなければならない。」

と語り、ガンディーの死から、生きている真理を思いおこすことを通じて、祖国インドへの奉仕を呼びかけたのである。

独立式典にも顔を見せず、東部インドで回印対立の緩和に奔

ガンディーの遺体を運ぶネルー

走していたが、ガンディーは、ムスリムを敵とするまえにヒンドゥー自身の思い上がりを叩《たた》くという一種の自己否定の言動をくりひろげていた。これが一部のヒンドゥー至上主義者のカンにさわったのである。ガンディーの死は、輝ける民族独立思想が過熱した民族主義によって踏みにじられたことを物語るものであった。さらにまた、真のガーンディアン[1]はだれかというきわめて重要な問題を、独立インドの指導者と民衆に投げかけることにもなったのである。

憲法の制定と議会制民主主義への途

プラサードを議長とする憲法制定会議は憲法起草委員会を任命し、何回も討論をかさねた後、一九四九年一一月には憲法を公布し、翌五〇年一月二六日に新憲法が施行された。プラサードは、新しい主権在民共和国の大統領に任命された。憲法の公布を記念して、一月二六日は共和国記念日デーとしてインドの国家的な祭日とさだめられた。一方、毎年八月一五日には首府ニューデリーを初めとして、インド各地で独立記念日の祝典がくりひろげられている。

インド憲法は、長さという点では世界最大である。全部で二二編、三九五条、九付則から成っている。しかも、五一年六月の第一回の改正を皮切りに今日までにすでに十数回にわたって改正がなされている。

憲法のいくつかの特徴を拾ってみると、第一に政治の主権が人民にあることを明記していることが注意される。植民地時代には「統治法」と呼ばれる一連の基本法が一九世紀以来幾たびか改変を経て施行されてき

1) ガンディーの行動と思想の継承者。

インド憲法原文に署名するネルー

た。植民地支配の基本法である以上、主権はインド人民にはなく、イギリス皇帝にあったのは当然である。その意味では憲法は「統治法」とは決定的に異なるものであった。また、ヒンドゥー社会のガンといわれるカースト制度[1]を否定し、これまで不当な処遇をうけてきた低カースト民衆の保護をうたっている。少なくとも、ブラーフマンを頂点とする身分制度は法制的に否定されることになった。こうした措置を、インド人みずから講じたという点で、インドの歴史上特筆に値することであった。第三に、宗教に関しては信仰の自由を認めていて、ヒンドゥー教を国教とすることを否定し、いわゆる非宗教国家《セキュラー・ステート》の原則を確認している。宗教的にみれば、圧倒的大多数がヒンドゥーでありながら、ヒンドゥー教をあえて国教として採択していないところに、インドにおける民主主義理念の一定の発展を認めることができる。

こうした反面、立法技術上の不手際も手伝って、憲法全体が不当に長文化している事実は何といっても大きな欠陥をなしているとい

1) 本書一一六頁を参照。

えよう。十数回にわたる改正もこうした点が反映しているのであろう。また、言論・集会の自由を認めながらもいくつかの弾圧法が同時に施行されている関係もあり、この点に関する限り、憲法の保障は空文化する危険性があった。事実、六〇年代にはいって、インドの社会生活全般の中でこの点はますます切実な意味をもってきている。

憲法の制定にともない、インドでは普通選挙制度が導入され、衆議院《ローク・サバー》議員[1]の第一回選挙は五一年末から五二年初めに、第二回選挙は五七年に、第三回選挙は六二年にそれぞれ行なわれた。五年ごとに改選されるのである。確かに普通選挙制が導入され、議会制民主主義制度が形の上ではみごとに実現したかに見える。ネルーも、折にふれて議会制民主主義制度の定着こそが現代インドの急務であることを強調している。しかし、現実には検討されるべき問題が山ほど存在していた。選挙制度に関連していえば、当初から一区一議員という小選挙区制を採用しているために会議派勢力が圧倒的に強く、野党の活動分野は文字通り制限されている。この問題の不合理性はつとに野党側、とくに共産党から批判されているが、従来、改正されることなく今日にいたっている。野党である共産党は全体の中で第二位の議席を確保しながら、与党会議派との差はまことに大きい。また、有権者の質の問題がある。総人口の七割以上を農民が占め、しかも有権者一〇人のうち七人までは読み書きができないという状況のなかで、有権者は情実に左右される場合が多く、独自の意志表示を行なうことがきわめてむずかしい。文盲の者を含めて有権者は投票用紙に印刷された会議派、共産

1) ヒンディー語で人民（ローク）、院（サバー）の意。

党などの各政党のマークに○印をつけるか、×印をつけるかで意志を表示した。たとえば《二頭の牛》はネルーのひきいる会議派を、また《鎌と麦の穂》はインド共産党をそれぞれ示していたのである。このあたりにも「上からの議会制民主主義制度」の特徴の一端が示されていた。

インド経済と五カ年計画の導入　インドの政治的独立は在来のイギリスのインド経済に巣くっている支配的な地位を根こそぎにしたわけではなかった。この辺の事情を一般に政治的独立と経済的従属といった表現で把握してきている。

ネルー政権がまず目標としたことはインドの工業化、さらにいえばインド資本主義発展の国家的な保護と奨励にあった。このためにまず着手したことは州レベルで広範囲に余命を生きながらえてきた封建制（たとえばハイデラーバード藩王《はんおう》国）を打倒することにあった。会議派政府は資本主義的発展、つまり工業化を阻止する限度内において反封建的な方針を打ち出したのである。一九五〇年代の初めからインドの各州でいっせいに土地改革が着手され、封建的諸関係の打破のために種々の努力が試みられた。一部の州、たとえばウッタループラデーシ州では真接生産者たる農民が自家耕作を確立する方向で州政府と地代契約の関係を結んだ。たしかに封建的関係は会議派政権の土地改革で打破されたけれども、半封建的関係はそのまま温存されて今日にいたっている。ウッタループラデーシ州は例外であって、大半の州では、小作人の地位にとどまった真接生産者の敵対者は依然として地主階級にある。このように、会議派の土地改革は、一九四九年に誕生した新中国の土地改革を革命的土地改革と呼ぶとすれば、改良的土地改革と呼称すべきものであった。しかし、封建的関係を一応打破したという観点からすれば、たとえ半封建的関係が現存しているとしても、インド社会の発展にとっては革命的な任務を会議派政権が果たしたことになる。植民地時代、ネルーは繰り返しインド農村の封建制の打倒をさけび、政治スローガンの中にとりあげてきた。しかし、当時から、会議派の指導者の最大関心は、ネルーを含めてインドの工業化にあった事実を否定することはできない。

一九三八年末、インド国民会議派の発起で国家計画委員会が発足した。インド政庁は黙殺したけれど、この委員会の委員の中には工場主・金融業者・経済専門家などが参加した。ネルーは「計画委員会の背後にあった元来の構想は工業化の促進であった。貧困と失業、国防と経済一般の刷新に関する諸問題は、工業化なしには解決不可能である。かかる工業化への一歩として、国家計画の総合的な案は作成されねばなら

5カ年計画を審議するネルー

ない」と『インドの発見』で述べている。また、一九四四年にはボンベイに参集した実業家を中心に「ボンベイ計画」を作製し、そこでも工業化に第一義的な意義が与えられていた。ところで、インド経済への計画性の導入という意図のネルーは独立後の四七年一一月に経済計画審議会を設置し、翌四八年一月には報告書を提出している。この報告書を土台にして、一九五〇年三月には五ヵ年計画委員会が発足し、委員長にはネルーみずからが就任し、精力的に計画経済の大綱作りに着手したのであった。五一年四月に始まった第一次五ヵ年計画の基本的な目標は灌漑《かんがい》と電力開発にあるとされ、結果的に見ると食糧生産と消費財生産にかなりの成果をあげることができた。第二次計画（一九五六年四月以降）では、重工業を中心とする基幹産業の拡大に重点が置かれたけれど、成果は必ずしも良くなかった。ただ注意すべきは民間投資部門に比べて政府公企業部門に対する投資額が全投資の半分を上回っていたことである。第三次計画は一九六一年四月に出発し、今日におよんでいるのであるが、基本目標は第二次計画と同一でありながら、資金調達の面で税金と外国資本（特にアメリカ資本）にかつてないほど依存する方向が出てきたことが注目される。

第一次五ヵ年計画の進行していた、五五年一月、インド国民会議派の第六〇回大会が開催され、会議派のねらいとするところは「社会主義型社会」の建設にあることが決議された。そこでは、生産手段の社会的所有、国富の平等なる分配、公企業部門の増大する役割などがやや雑多な形ではあったが提起されていた。ここでネルーを含めた会議派指導部が厳密な意味での社会主義を志向していたとは到底考えられない。むしろ、漠然としながらも、政府・国家機関を媒介とする重工業部門の強化と発展を基本目標としていたこと、民間私企業部門はこれを制限するというよりは逆に育成する方針を立てていること、政府公企業部門の発展が全体として私企業部門の繁栄を保障するといった「混合経済」構想が表面に出ていたことが指摘される。こうした形でネルーは社会正義をインドの風土の中に具体化して行く突破口を求めていたのだと一般に考えられている。

藩王制の打倒から言語別州再編成へ　イギリスの植民地時代のインドは大まかにいえばイギリス領インドと諸藩王国とのふたつにわかれていた。この藩王国の全体の面積を合わせると全インドの二分の一、その人口は全体の四分の一を占めていた。ネルーは藩王国について次のように書いている（『インドの発見』）。

「これらの藩王国は、フランスほどもあるものから、ほとんど普通の農家の所有地なみの大きさしかないものまである。…大部分の藩王国はきわめて遅れており、若干のものにいたっては全く封建的である。なかには、いちじるしく制限した権限しか認めていないにせよ、選挙による協議会を開設したものもあるが、とにかく藩王国はどれも専制政治の域を脱していない。藩王国の首位にあるハイデラーバードは、いまだに公民の自由のほとんど完全な否定の上に支えられた典型的な封建体制でやっている。ラージプーターナおよびパンジャーブ地方の大部分の藩王国もまた同様である。公民の自由の欠如は藩王国に共通する一つの特徴である。」

しかも、藩王国が今まで生きながらえてきた背後にはイギリス側の絶え間ない梃《てこ》入れがあったことをネルーは指摘した後、一般に支配者たる藩王は見解においては封建的であり、行動は横柄《おうへい》である一方、イギリスとの接触に関する限りでは卑屈《ひくつ》な態度をとると断定し、「英帝国の第五列[1]」説を支持している。

藩王国の総数は人によりまちまちである。一番信頼できる公式の数字は五六二である。第二次大戦が終わり、インドの政治的な独立が今や時間の問題となるにおよんで、藩王国の大半は新しいインド連邦に参加することに同意した。先にも述べた憲法制定会議は連邦参加に踏み切った藩王国の国防、交通手段、外交などの諸権利を漸次接収していった。こうした動きと裏腹に、カシミールとデカン高原のハイデラーバードといった二大藩王国は一九四七年八月一五日に独立国家たることをそれぞれ宣言した。ヒンドゥー藩王の下にあったカシミールはパキスタン側の武力侵入を受けた結果、一転して四七年一〇月にインド連邦に合流した。翌月、パキスタン併合を主張してきた西部インドのジュナーガド藩王国はインド側による武力行使をきっかけとしてインド連邦に参加した。問題はインド亜大陸の心臓部のデカン高原に位置するハイデラーバード藩王国の動きであった。ニザームと呼ばれたハイデラーバード藩王国のムスリム藩王は、側近の支援のもとに独立国家体制を確立することを本気で考え、四七年八月一五日に独立宣言を行ない、ロンドンで武器購入を開始した。インド連邦側の要請を黙殺しながら、ハイデラーバードは、当時ポルトガル領であったゴアの購入計画をポルトガル政府との間にすすめる一方、国際連合にハイデラーバード問題の提訴を行なう準備を整えつつあった。こうした画策はひとつひとつ失敗に終わったけれど、独立国家をもりたてて行こうとするニ

1) イギリス植民地主義の利益の代理人。

ザームの意図は変わらなかった。インドの政治的統一を目ざした会議派政府は、ついに《ポロ作戦》と名づけられた武力行使に踏みきり、インド政府軍は四八年九月にハイデラーバードに進撃した。藩王国軍は数日間の戦闘で政府側の軍門にくだった。このようにして二〇世紀インドに中世封建国家の建設を賭《か》けたニザームの夢はあえなくくずれさったのである。

藩王国のインド連邦への併合という措置は独立後のインド統一への第一の転機《てんき》をもたらしたものである。これに続いて、インドの統一国家をすすめて行く上で第二の転機をもたらした、言語別州再編成の問題をとりあげておく必要がある。現代インドが多言語国家1)であることはよく知られている。ところが、一定の歴史と文化を背景にもつ民族言語数は十数個を数えるにすぎず、インドには異なった言語が数百もあるという俗《ぞく》説《せつ》を私たちは認めるわけにはいかない。植民地時代にはこの十数個の言語を使用する十数個の民族集団は、それぞれがまとまった単位で社会生活を営むことを妨害されていた。イギリスは、自分の植民地支配を行なう上で好都合のように藩王国を温存させ、インド亜大陸を勝手に分割していたのである。たとえば、現在の南インドのケララ州はイギリス時代には三つに分断されていた。すなわち、二つの藩王国とイギリス領インドにわかれていた。マラヤーラム語を母語とするケララの民衆、つまりマラヤーリー民族が、ひとつにまとまろうとする要求と行動を、イギリス側はもちろん、イギリスと結びついた藩王家は、あらゆる手段を講じて抑

1)　インド憲法はヒンディー語のほかにカシミーリー、ウルドゥー、ベンガーリー、アッサーム、ウリヤー、マラーティー、グジャラーティー、テルグー、カンナダ、タミル、マラヤーラム、サンスクリットの諸言語を民族語として規定している。

圧してきた。言語別の州編成という考え方は第一次大戦後に会議派の政治綱領に明らかにされ、第二次大戦期にはすでに大衆運動の問題にまで発展していた。四七年の独立直後、この面での動きは大衆運動の切実な要求になっていたが、会議派政府としては何よりもまず藩王国の併合問題に集中せざるを得なかった。言語別の州再編の具体化は憲法の制定、五カ年計画の実施、普通選挙の導入を経て一九五六年にようやく試みられるにいたった。五六年一一月に言語別州再編成法が発効し、ここに言語使用別の民族集団の合理的な区分が原則的に画定されたのである。州再編の問題は独立後のインドの歩みの中できわめて重大な意義をもっているにもかかわらず、インドの内外でインドの専門家といわれる人々の間でも、十分にその意義を受けとめられていない。とくに藩王国の併合問題との関連で、言語別州再編成の問題を位置づけることは、独立後のインドの全発展を把握する上で決定的に重要なことである。

独立後のネルーにひきいられた会議派政府としては、帝国主義から直接かつ公然たる干渉戦をいどまれたことはカシミールを除きほとんどなかった。しかし、帝国主義勢力によって間接的に支援された国内の封建勢力との戦い、つまり、一種の国内戦の段階を経てようやく一九五〇年代に到達したのであった。藩王国の併合と統合は文字通り封建制の基盤をゆるがした。この事実は、ただちにインドからいっさいの封建的諸関係をなくしてしまったことを必ずしも意味していない。にもかかわらず、この藩王国の統合なしに、いいかえれば典型的な封建制の打倒なしに、インドの諸民族の統一を目ざす言語別の州再編事業は進められるはずもなかった。たしかに、一九五六年の言語別州再編は、未解決の問題、たとえば、ボンベイ州の分割を一九六〇年まで見送るような問題点をかかえていた。また、行政的には中央政府がさまざまな権限を自己の手元に集中している結果、州分権主義、ないしは地方自治主義、より厳密にいえば民族自治主義がしばしば否定されることになった。それにもかかわらず、言語別州再編成の事業は、現代インドを構成する十数個の民族集団がそれぞれ民族を単位にして、政治・経済・文化の分野でまとまりのある行動を展開する前提条件をつくり出したのである。

ネルー外交の展開

独立後、インド政府が展開した外交は簡単にネルー外交ともいわれている。とくに五〇年代のインド外交は戦後の国際政治史の中で特異な地位を占めるものであった。とくに大国との間に軍事同盟を結ばず、思想と体制の違いを越えて平和友好という方針を打ち出した面から、アメリカとソ連との間の冷戦関係がきびしい段階において、インドの立場は独自の評価をうけることになった。独立後のインドの歩みは一般にネルーの発言や行動と重ねられて受けとられてきた。

すでに独立前夜の四七年三月、ニューデリーでは民間団体であるインド国際問題評議会が主催者となり多少ともアカデミックな性格のアジア問題会議が開かれ、二二カ国から二五〇名の代表が参加し、戦後のアジアの直面する共通の課題——植民地支配の清算——をめぐって白熱的な討論が組織された。会議に参加していたネルーは「アジアの再発見」と題して講演し、孤立状態に置かれてきたアジアの諸民族が今や共通の流れの中に未来を託していること、アジア諸民族の国際関係への参加そのものが世界平和に実質的に貢献《こうけん》していること、現代のアジアには強い風が吹きまくっていることなどを淡々と語っている。この会議は戦後におけるアジア・アフリカ諸民族の連帯行動の口火を切ったものであった。

独立直後のインド外交は、インドネシア独立運動の支持とオランダ帝国主義批判を軸にして展開し、四九年一月にはニューデリーにアジア一九カ国会議が開催され、オランダの植民地主義の糾弾《きゅうだん》が行なわれた。この会議の基調には、実は先のアジア問題会議を支配した理念につらなる面が多くあったことはいうまでもない。また、四九年一二月にはインドは中華人民共和国政府のアピールに呼応して外交関係を開き、新中国を承認した。北京駐在の初代インド大使K・M・パニッカルは『二つの中国にて』（一九五五年）という興味深いルポールタージュを書き旧中国と新中国の激しく変動する生《なま》の姿を伝えている。

一九五〇年代にはいって、インド外交はソ連を初めとする社会主義諸国との友好関係を軸にして動き出し、その黄金時代を築いた。現代アジアの良心としてのネルーといった表現が、いささかも誇張した響《ひび》きをあたえない時期であった。この時期のインド外交を背後から支えた問題としてはインド内外で平和運動が大きく発展したこと、またアメリカとパキスタンの軍事同盟の締結を理由としてインドの支配層とアメリカを初めとする帝国主義諸国との間にきびしい緊張関係が生まれたことなどが指摘される。一九五四年六月、中国の周恩来がニューデリーを訪問した。ここで、有名なパーンチーシーラ[1]、つまり平和五原則が中印両指導者によって確認され、現代アジアの歴史を前後に画する新しい段階を切り開かれたのである。その内容

1) 文字通りには五つのいましめの意。

は、

㈠ 主権の尊重

㈡ 相互不可侵

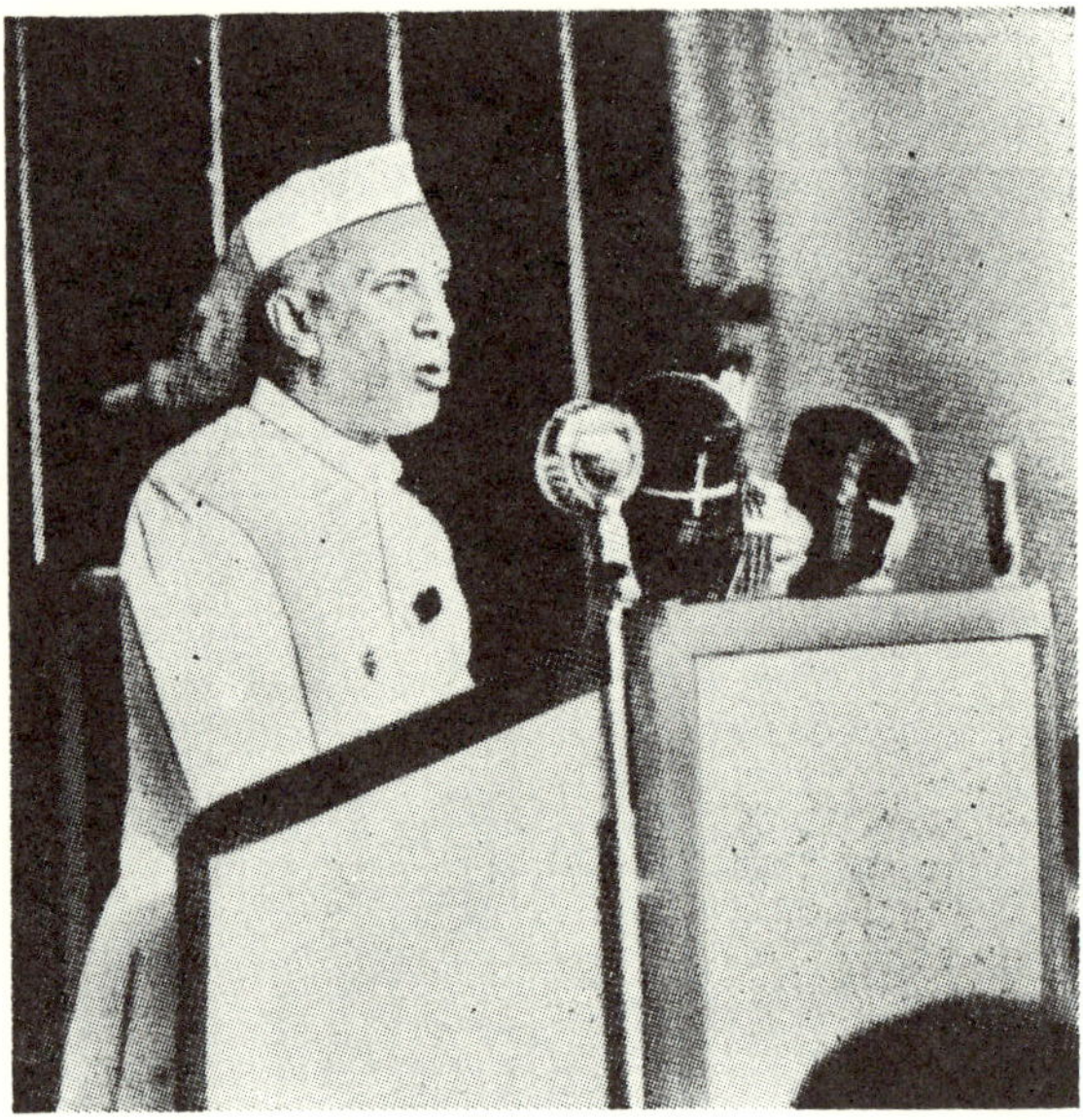

バンドンにおけるネルー

㈢ 内政不干渉

㈣ 平等互恵

㈤ 平和共存

であり、これが翌五五年四月にインドネシアのバンドンで開かれたアジア-アフリカ会議の基本精神となった。アジア・アフリカ諸国の民族的な連帯性はこの頃を境にして人民のレベルでの連帯性の問題として全世界の進歩的な勢力の間で受けとめられ始めていた。こうした流れを妨害すべく、五四年九月にはマニラでアメリカのきもいりになる東南アジア条約機構が発足している。インドはこの会議をボイコットした。

ところでアジア-アフリカ会議の開催が近づいて

くると、西側諸国[1]は会議を不成功に終わらせようとしてさまざまな手段を使った。そのひとつの事件として、アジア＝アフリカ会議の前夜におきた、インド国際航空の「プリンセス＝カシミール号」の墜落事件を見のがすべきではないであろう。同機は新中国と北ベトナムの代表団・新聞記者団を乗せて香港を飛びたちインドネシアにむかう途中、南シナ海に墜落したのであった。一九六七年に明らかにされた所によれば、この事件はCIA(アメリカ中央情報局)により実行された爆破計画の結果おこったものである。五五年四月、アジア・アフリカ二九カ国の代表がインドネシアのバンドンで会議を開いた。二九カ国代表の背後には一四億の民衆が存在していた。会議では民族主権の尊重、植民地主義の排除、国際紛争の平和的な解決といった理念をもりこんだ諸決議がなされた。会場にはむせかえるような熱気と興奮がみなぎっていた。中国の周恩来、インドのネルー、インドネシアのスカルノ、アラブのナセルといった人々が会議の推進役をつとめたことはいうまでもない。一般にバンドン会議と略称されるこの会議は、アジア・アフリカ諸民族による反植民地主義的な人民連帯行動のスタートを高らかに宣言した。そこには、歴史の裏通りから表通りに登場してきた被抑圧諸民族の激しいエネルギーがうずまいていたのである。

会議派政治体制の危機とネルーの死

一九六〇年は国際的にはアフリカの年といわれ、アフリカの新興民族国家が続々と国際連合に加盟し自己の発言の場を拡大していた。こうした世界情勢の進展と対照的

1) 社会主義諸国を東側ととらえ、資本主義諸国を西側ととらえる国際政治上の用語。

インドにおける諸政党の発達

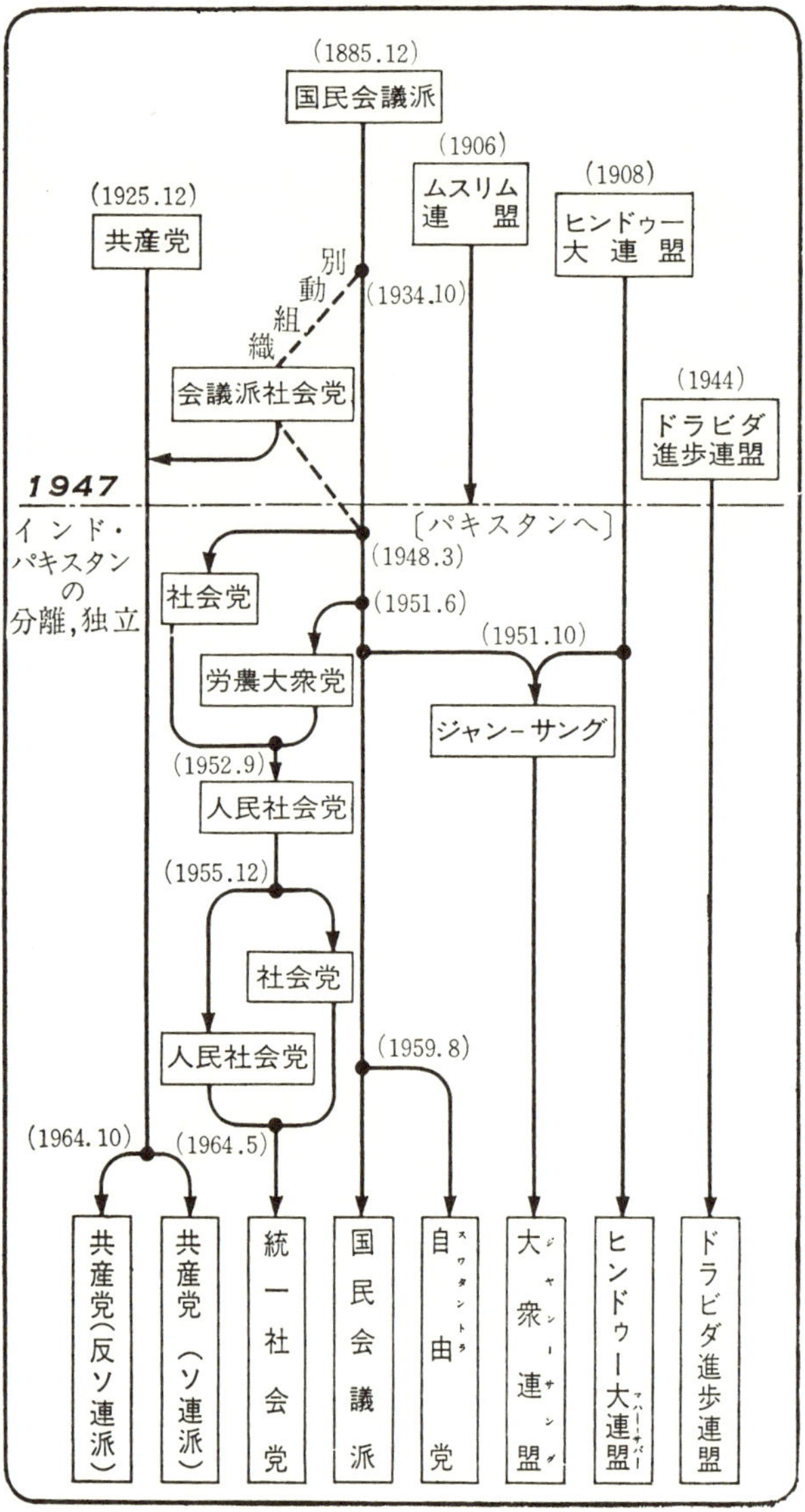
(1885.12)
国民会議派
(1906)
ムスリム連盟
(1908)
ヒンドゥー大連盟
(1925.12)
共産党
別動組織
(1934.10)
会議派社会党
(1944)
ドラビダ進歩連盟
1947
インド・パキスタンの分離，独立
〔パキスタンへ〕
(1948.3)
社会党
(1951.6)
(1951.10)
労農大衆党
ジャン－サング
(1952.9)
人民社会党
(1955.12)
社会党
人民社会党
(1959.8)
(1964.10)
(1964.5)
共産党(反ソ連派)
共産党(ソ連派)
統一社会党
国民会議派
自由党《スワタントラ》
大衆連盟《ジャンーサング》
ヒンドゥー大連盟《マハーサバー》
ドラビダ進歩連盟

に、インドでは会議派政権のもとにあってひとつの時代が終わりを告げようとしていた。結論的にいえば内政と外政の両面にわたってインドは大きく右旋回《せんかい》することになったのである。

第一に会議派政治体制がゆるぎ始めたことに注意しなければならない。会議派のよって立つ基盤が議会制民主主義制度にあることは、自他ともに認めてきたところである。しかし、国内の政治的・経済的な矛盾の発展に対応して反会議派勢力が前面に出てくると、会議派政権は民主主義的なルールを平気で破って反会議派勢力を押しつぶす行為にでた。一九五九年七月、南インドのケララ州の共産党政府は、インド大統領の権限の下に強制的に解任された。理由としては州共産党政府が「州政治の秩序を破壊し、混乱をひき起こした結果、同政府は事態の収拾能力無し」という大統領による判断が一般に指摘されている。第二回総選挙（一九五七年）に基づき、インド共産党は、ケララ州に共産党政府を樹立するほどの力を発揮し、二年以上にわたって政権を担当していた。州政府は別に社会主義革命ないしは共産主義革命をケララで実行したわけではなく、五〇年代の半《なか》ばに打ちだされた会議派の進歩的な理念なり方針なりを、ケララ州に導入するという文字通りに穏健な路線を具体化したにすぎなかった。ところがケララ州政府の打倒のために野党に回った会議派は暴力的方法を含めてありとあらゆる手段にうったえた。郵便局、駅、政府倉庫といった公共物に火がかけられた。また、共産党と戦うために、会議派は反動的なムスリム勢力やキリスト教[1]（カソリック系）勢力とも手を組んだのである。このようにして、議会制民主主義の体制的な危機がケララ州政治をめぐって一挙に

1) 英印混血人を除いて、キリスト教徒が一番多いのはケララ州である。

爆発することになった。ネルー個人としては手の打ちようがないほど、会議派内部の保守派側からの圧力は強大なものになっていた。

第二に中印国境紛争問題がある。一九四九年の中国承認から五〇年代を経て、中国とインドとの間には、きわめて友好的な関係が確立されていた事実を考えあわせるとき、まったく想像もできない軍事衝突が頻発《ひんぱつ》することになった。何よりも重大なことは、ネルーを含めた会議派指導部が、チベット問題をめぐって中国に対して内政干渉を行なった事実をいかに理解するかという問題がある。五九年のチベット反乱に際して、ネルーは、チベット人民に同情し、チベットに完全な自治権が与えられることを希望する、という立場を明らかにし、ダライ＝ラマのインド亡命を承認している。チベット反乱と同時に、会議派政府はにわかに北辺の中印国境地帯に軍隊を集結した。こうしたインド側の立場に対して、中国側も事態を坐視《ざし》するわけにはいかず、やはり国境警備を厳重に行なうことになった。こうして国境問題をめぐって中印両国の軍隊は戦火を開くことになった。中国側の武力と指揮力の圧倒的な優位という現実に直面してインド政府軍は惨《みじ》めな敗北を味わうことになった。インド政府側の挑発と侵略が中印紛争の根本原因であるという見解が出され、インド拡張主義が厳しく批判の矢にさらされることになった。また、中印国境を規定する原則についても鋭い対立が生まれ、インド側がマクマホン＝ライン[1]に固執するのに対して、中国側はイギリス帝国主義の遺産を継承することはできないと、インドに関する限りマクマホン＝ラインを認めない立場を明らかにした。この衝

1) 一九一四年、シムラで開かれた会談で、イギリス側代表マクマホンがチベットの代表との間で画定した。

突は六〇年代初期の中印関係をあざやかに描き出し、その後今日にいたるまで双方は緊張した軍事体制を維持している。少なくとも、チベット問題と結合させて中印国境紛争を取りあげる立場をとるとすれば、インドの拡張主義的な立場こそ批判されるべきものであり、先に述べたように、平和五原則を最初に破った者はやはり、ネルーを初めとする会議派指導部であった。

六三年の軍事衝突直後、インドはアメリカとイギリスとの間に軍事同盟をそれぞれ締結した。非同盟政策は音を立ててくずれ始めた。ネルー個人の生涯のなかで一番みじめで、一番苦しい時期が始まった。内政・外交の両面にわたって次から次へと危機が襲ってくるなかで、すでに老境のネルーはみずから築いてきた現代インドの根本的な課題を冷静に、しかも客観的に検討することはできなくなっていた。ネルーの立場は、もはや話し手ではなくて聞き役にまわっていた。聞き役というのは、一般に、人が「老人」たることを証明する受け身の悲痛な特権なのであろうか。せっかく作りあげた議会制民主主義の体制の中で、独立後十数年を経た後、与党会議派自体は率先してその体制を掘りくずし始めたのである。一方、同じ頃、反共産主義、反会議派路線を明示する極右反動勢力——たとえば一九五九年八月にはインド自由党《スワタントラ》が結成された——が、あなどりがたい規模で発展してきていた。

一九六四年五月二七日、ネルーは老衰のため永眠した。七四歳。遺言に従って、その遺灰はネルーの生地アラーハーバードでガンジス川に流され、残りは飛行機で「母なるインドを支えるインド農民の働く大地」（ネルーの遺言のなかのことば）にばらまかれた。北から南から、東から西から、ネルーの遺灰はインドの大地にしずかに舞い降りていった。

ネルーの生涯は実に多彩であった。植民地インドから独立インドへと激動する歴史の流れの中を、ネルーはぎりぎりの力を出してたたかってきた。インドが政治的独立を達成した時、ネルーは五〇歳台の後半にあった。ふつうならば活動の果てに後進のために席をあける年齢でもある。だが、インドの現実はネルーの引退を許さなかった。いや、逆にネルー自身のやむにやまれぬ情熱と実践が一九五〇年代の終わりにいたるまでのインドの歩みを内側から支えていた、というべきであろう。したがって、この段階で、ネルーを語ることなくしてインドを問題にすることは実質的に不可能なことであった。

ネルーの死はひとつの時代の終わりである、と広くいわれた。しかしながら、実際には、ひとつの時代はネルーが他界する数年前に区切りをつけられていたのである。この辺のくい違いを明確にさせる問題を含めて、あらためてネルーの思想を成立させているいくつかの側面に接近する課題が次に提起されてくる。そこでは、背景となるべき現代インドの生きている現実が今一度検討されなければならない。そうした作業を通じて、ネルーの思想はどの面で現実の変化にかかわりあい、どの面で深く掘り下げられていったのか、どこで硬着《こうちゃく》していったのか、といった問題点が明確にされてくるであろう。

Ⅱ

ネルーの思想

ネルーの歴史観

現代アジアの歴史的な理解　一九五〇年一〇月、ウッタル・プラデーシ州の州都ラクナウーで太平洋問題調査会の第一回会議が開かれた。会議の冒頭演説はネルーの「アジアの理解のために」であった。そのなかでネルーは、

「アジアの国ではどこでも共産主義であるとないとを問わず、いやしくもその国の民族的精神に背馳《はいち》するような考えは、重きをなすことができません。このことは理解していただかねばなりません。私はそれが良いとか悪いとか言っているのではなく、私の理解するままに現状を申し上げようとしているのであります。アジアのどこの国へおいでになっても、皆さんはその国の民族的要望が何であるか、いかにしてそれを支持するかを知らなくてはなりません。それに反する主張をされる限り、他にどんな議論をされようとも、それはもう完全には評価ないし理解されないでありましょう。」

ネルーの発言はさらに続けられ、

「私は、アジアの問題を、歴史的な見地から、また動いている大衆の感覚でみることができます。そして

私は、皆さんもこのような仕方で見なければ、アジアの問題を完全に理解し把握することはできないと思います」

と述べている。

ネルーの発言には、一人の政治家というよりは、むしろ一人の思想家ないしは歴史家の英知とあえて呼んだ方が良いような内容をふくんでいる。少なくとも、現代アジアの諸問題をとらえる場合に、民族的な契機を無視してはどうにもならないことをうったえているわけである。また、マルクス主義の側からすれば、階級問題に対応する民族問題が新しい状況の中で改めて検討される必要性が提出されている、といえるものであった。さらにアジアの問題を歴史的な見地から、同時に動いている大衆の感覚でとらえる、というネルーの立場は、とりもなおさず、抑圧されている民衆の立場から現代アジアの動向を見きわめてみる、ということであろう。ネルー自身の中で、大衆という言葉の意味がどのような内容をもっているのか、という点はさらに掘り下げられる必要がある。しかし、広く大衆の要望なり願望なりを汲みあげていこうとするところに、現代アジアの諸問題を打開していく鍵《かぎ》がある、という点では、ネルーの考え方は私たちにも容易に理解されるであろう。

「アジアの理解のために」と題するネルーの発言は、一九五〇年代の日本に種々の影響を与えた。もちろん、白人に対抗する大東亜共栄圏の確立といった太平洋戦争期の侵略的なイデオロギーを昨日まで振り回していた日本にしてみれば、過去に対する反省なしにネルーの発言をそのまま受けとるわけにはいかない内部事情もあった。むしろ、戦後におけるアメリカ軍の日本占領という冷酷な現実のなかで、日本の帝国主義が破産して、一挙に植民地的条件に置かれているという現状認識の上にたって、初めてネルーの発言の根底に流れているものを受けとめることが可能であった。一般にアジア―ナショナリズム論が、日本の論壇で問題化してくる口火を切ったのは、実にこのネルーの発言にあったことはだれしも認めるところである。ただ、アジア―ナショナリズム論が帝国主義支配ないしは植民地主義支配に対するアンチーテーゼ、つまり対抗理念としてとらえられた限りにおいて、現代アジアの現実に対する理解と方法とはいちじるしく限定されざるを得なかった。つまり、反帝国主義という側面が強調されるあまり、反封建主義という側面が切り捨てられてしまったのである。事実、反封建主義という側面が脱落したままで、きわめて安易なナショナリズム論がかなり広範囲に語られるようになった。こうした状況は必ずしも日本ばかりではなく、インドにおいても、インドの現実の中に存在する否定的な諸現象――たとえば農業生産の後進性、文盲率の高さ、官僚主義――をすべてイギリス植民地主義支配に帰着《きちやく》させる傾向が支配的である。ここでは、ナショナリズムは目的概念に狭くしぼられてしまっている。いいかえれば、ナショナリズムは現代インドが到達すべき目標とされてしまっている。しかし、具体的に民族的な諸要求が解決され、実現されない限り、ナショナリズムという表現で導きだされるものはきわめて抽象的であり、一般に支配層の排外的な行動を推し進める機能的な「論理」にとどまってしまう。

ネルー自身の立場は現代アジアの発展の一側面を正しくとらえていたが、特に一九五〇年という時点で、ネルー政権自体のもとでインドが到達していた諸発展を反映していた点が注意されなければならない。特に藩王国の併合問題を中心にしてネルー政権が一定の反封建主義闘争を積み上げ、しかも、一定の成果を築いていた――その体制的な帰結《きけつ》はインド憲法の制定を梃《てこ》とするインド共和国の発足にある――ことが無視されてはならない。問題はネルー自身のアジア-ナショナリズム論の中に反帝国主義と密接に関連して反封建主義が論理化され、しかも持続的に二つの課題を推進していく方向が打ち出されているか否かにある。その意味では、ネルーの立場なり観点なりは、その後のインド社会の現実の発展の中で、あらためてためされるのである。

したがって、太平洋問題調査会の会議におけるネルーの発言にしても、ネルーを支えていたインド自体の発展を前提にした上で、初めて一定の意義が汲みとれるのであり、そのような意義をふまえた上で、ネルーはインドを含めたアジア諸民族の動きを外部にむかって語りかけたという性格が強いのである。こうした条件をつけた上で、ネルーが目ざす現代アジアの基本的な方向が、植民地主義の打倒にむけられていたことは容易に理解されよう。ネルーの現代アジアの発展との相互関係を知る上では、この演説はきわめて有益なものであり、ネルーの歴史観の一端がここで明らかにされている。

ネルーが書いた『世界の歴史』

ネルーには幼くして死んだ男の子と健康で育った女の子があった。ネルーの没後、ラール＝バハードゥル＝シャーストリーがインド首相となった。そのシャーストリーが、一九

नवभारत टाइम्स
कांग्रेस कार्यसमिति द्वारा ताशकंद-समझौते की पुष्टि
पाक के साथ विवादों का शांतिपूर्ण हल
खाद्य व आर्थिक स्थिति पर भी प्रस्ताव स्वीकृत
राज्य सरकारें केन्द्र को यथेष्ट अनाज दें
खाद्य समस्या हल करनेके लिए कार्यसमितिका सुझाव
आर्थिक स्थिति पर विचार करने के लिए समिति

タシケント協定を支持するインディラー＝ガンディー新首相
「ナバ-バーラット-ターイムス」（1966年2月10日号，ヒンディー語）

六六年一月にソ連のタシケントで客死《かくし》すると、新首相に就任した女性がネルーの一人娘のインディラー＝ガンディー（一九一七年—）なのである。

一九三〇年代の初め、ネルーはその政治活動を理由にして三年間の獄中生活を送らなければならなかった。その折、ネルーは一三歳に達していた娘インディラーにあてて何回かにわたって手紙を書き送り始めた。その内容は古代から現代にまでおよぶ世界史の流れを追跡したものである。この手紙形式の世界史物語[1)]は、二冊に分けて三四年から三五年にかけて北インドのアラーハーバードから出版され、大きな反響をまきおこした。その後、一九三九年に増補改訂のうえロンドンから刊行され、今日にいたるまで幾度か版を重ねている。戦後、日本でもロンドン版からの翻訳が『父が子に語る世界歴史』と題して刊行されている。

この『世界の歴史』は一九三〇年代におけるネルーの危機

1) Glimpses of World History それは「垣間《かいま》見た世界史」ぐらいの意味であろう。

意識の産物である。当時ヨーロッパではイタリアのムッソリーニ、ドイツのヒットラーを初めとするファシズム勢力が全世界の民主主義勢力に挑戦していた。東アジアでは日本の中国侵略が一段と拡大していた。

ネルーの『世界の歴史』で第一に注目されるべき特徴は、世界史の流れの中にインドの歩みを適切に折り込んでいることである。おそらく、インドの民族的な指導者の側からする世界史の叙述は、ネルーの作品をもって第一号とすべきであろう。しかも、インド史の歩みを世界史の流れのなかに位置づけるという重要な課題を、ネルーはこの『世界の歴史』のなかでみごとに実現している。現代日本で、世界史といえば一般に日本史と切り離した存在を考えがちであり、事実、高等学校教育では世界史と日本史とは二本立てである。世界史と日本史とを結びつける仕事は良心的な教師の手にまかされている。それではネルーはなぜ世界史の流れのなかにインド史を位置づけることができたのであろうか。すでに「生涯編」で触れたように、被抑圧民族の指導者としてのネルーは、インド国民会議派を中心に活動を進めて行く尖端的な位置を占めていた。一九三〇年代のインドの諸発展をふりかえってみるとき、一方ではインド国民会議派を先頭とする独立運動の躍進が認められると同時に、他方では非合法的ではありながら、インド共産党の指導のもとに勤労大衆の解放運動がいちじるしく発展していた。しかも三〇年代の半ば以降、共産党は会議派との間に統一戦線を作りだすことに成功していたのである。また、国際的にも、ネルーは、三〇年代の後半、ファシズムと帝国主義と闘うスペインと中国を訪問し、ひとつの友情を両国の民族との間に確立している。被抑圧民族と共に行動を同じくするという、現代史への積極的な参加という事実を私たちは重視しなければならない。こうしたネルーの立場は、実は一九二〇年代の後半にソ連訪問などを契機としてすでに確立していたものであった。したがってネルーが世界史の流れの中に、インド史の叙述を織り込むことはむしろ当然であったに違いない。

第二に古代から現代におよぶ叙述の中でイギリスの産業革命あるいはフランスの市民革命を出発点とする近代・現代の部分が全体の三分の二を占め、近代・現代の歴史の叙述に重点が置かれていることである。一般に世界史の叙述という作業の中では古代・中世に重点がかかり、近代・現代、わけても現代を軽視するという傾向がヨーロッパはもちろん、ヨーロッパ文化に影響されてきた日本でも強い。また、インドの内外でだされたインド史の概説書をとりだしてみても、古代インダス文明とヒンドゥー文化の栄光だけに足をすくわれてしまう場合がごく普通なのである。ネルーの『世界の歴史』では、第一次大戦から一九三〇年代までの時期が全体の分量の三分の一を占め、その主たる対象はインド、中国、日本、アラブ、ソ連にむけられている。たとえば、第一次大戦後の日本に関しては「世界に挑戦する日本」という章で、

「共産主義ばかりではなく、あらゆる形態の社会主義的、急進的、ないしは体制的な改革を禁止するこの法律——一九二五年の治安維持法——の厳重さは、日本政府の共産主義にたいする恐怖の度合いをあらわすものだ。しかし、共産主義は、社会的諸条件に帰因する広汎《こうはん》な窮乏《きゅうぼう》のあらわれであり、これらの諸条件が改善されない限り、ただ弾圧を加えるだけではどうにもならない。現在の日本には、おそろしい貧困が存在する。農民は、中国やインドと同じく、莫大《ばくだい》な借金の重荷のために押しつぶされている。税金は、とくに多額の軍事費、戦争諸経費の支出のために、きわめて重い。草の葉や、木の根を食べて生きながらえ

ようとする人びとや、自分の子どもまで売る人たちのことが報告されている。」

と述べ、末尾で朝鮮の独立の問題に触れ、

「日本人は朝鮮の支配権を手にしているものであるけれど、依然として朝鮮はじっくりと独立をもたらすことを夢みている。朝鮮の国外では『朝鮮共和国臨時政府』すら存在するにいたっている。」

と結論していた（一九三三年六月二九日付の手紙）。朝鮮独立の部分は初版のアラーハーバード版にはみえているが、ロンドン版ではなぜか削除されている。一方、アラーハーバード版、ロンドン版とも、中国の項では、日本の侵略の具体的な経過の記述に重点が置かれている。


第三に、近・現代の重視という著者の立場に関連して、帝国主義とファシズムを糾弾《きゅうだん》するという観点が全体をつらぬいていることである。その意味では、この著作は『世界の歴史』という名称をとりながらも、近・現代史の基本的な問題に対する指導者ネルーの対決の書物である。もしも、ネルーが歴史家として、さらにいえば現代史家として把握されるとすれば、現代インドの直面する最大の課題、とくに民族独立の達成という切実な課題に正面から取り組めば取り組むほど、同じような条件に置かれていた同時代の被抑圧諸民族の運命や動向に注意を払わざるをえなかった。ネルーは、まさにそういった次元をまっしぐらに突き進むだけの冷徹な理性と行動的な情熱とを兼ね備えていた。帝国主義とファシズムの妥協ないし結合が三〇年代のひとつの流れをなすにおよんで、ネルーとしては、いよいよ、明確に被抑圧諸民族の進むべき道の方向づけを痛感していたのである。その意味で、この著作は一九三〇年代インドの歴史認識のひとつの到達点を示すものであったといえよう。

『自伝』から『インドの発見』へ　ネルーの『自伝』と『インドの発見』ほど、全世界で、インドへの入門書として迎えられた書物は少ないであろう。『インドの発見』も、日本の場合、戦後になってようやく一定の読者層を確保することになる。『自伝』の場合も、もっとも、『インドの発見』は第二次大戦後に刊行されたものであるから、紹介の時期が戦後なのは当然であろう。

まず『自伝』について述べると、執筆年代と獄中での執筆という面で、先にとりあげた世界史物語と同じであることが注意される。初版は一九三六年にロンドンから出版され、以来世界中でベストセラーとなっている。保守的なイギリスージャーナリズムの牙城《がじょう》ロンドンータイムズ紙すらも、

「容易で、しかも会話調で書かれた、誠実そのものの書物であり、同時に人が著者ネルーの物の見方に意見を同じくしないにしても一読すべき書物である。」

とほめている。さて、執筆条件と執筆年代が世界史物語と同一であるということは、自伝を書くに際してのネルーの基本的な立場、つまり、反帝国主義、反ファシズムという基調が同一であることを意味する。そうしてみれば、自伝は単なる個人的な回想録でもなければ、自己の業績を持ちあげるための手前味噌の類《たぐい》では決してない。自伝は一面でネルーのインド民族独立運動への参加と、ネルーが直面したさまざまな問題の経過を主たる内容としているが、同時に、他面で帝国主義とファシズムの糾弾の書物であるといえよう。前者の

面では、特に第一次大戦以降のインド民族運動の発展を、インド国民会議派の指導者という立場から記述したものである。マハートマー＝ガンディーの自伝、つまり、『真理との実験の物語』（一九二七年初版）がどちらかといえばガンディー個人の内面における精神史の告白という色彩が強く、民族独立運動の具体的な過程は省《はぶ》かれているのに対し、ネルーの自伝はインドの民族独立運動史をなしている。帝国主義とファシズムに対する憎しみは自伝をつらぬく主要な考え方をなしている。民主主義を死守する側にとってイタリアのムッソリーニのファシズム、ドイツのヒットラーのナチズムの双方がいかに危険をきわめる要因をなしているか、また民主主義を守るという西側諸国が植民地に対していかに抑圧を強制しているか、といった問題のほか、とくにイギリスのインド民族運動の弾圧についての叙述が一番興味深い。

　つぎに『インドの発見』に話を移そう。一九四六年に『インドの発見』が刊行された直後、現代インドのすぐれた歴史家のひとりであったD・D・コーサンビー教授はネルーの新しい著書に対してきびしい批判と評価をくだし、最大の特徴として、『インドの発見』にはインド社会の階級的な分析が見られないこと、また『インドの発見』という書物が生まれてくる背景には、インドに資本家階級の時代が到来したことを意味している、という二点をあげている。コーサンビーの指摘は歴史学上の厳密な方法論を前提としたうえでの批判であり、批判そのものの持つ意義はきわめて大きい。将来、インドの歴史に関する研究史が書かれるとき、このコーサンビーの批判を黙殺することは許されないであろう。しかし、コーサンビーの指摘にもかかわらず、『インドの発見』がインド史についての一種の古典であることはいささかも否定できない。たとえ

『インドの発見』が階級分析を欠いているにしても、植民地インドという抑圧的な状況に苦闘している大衆に対して、反帝国主義、さらには反封建主義の本格的な行動をまきおこして行くために、さらには闘う民族としての誇りを持つために、『インドの発見』はひとつの導入部の役割を果たした。しかも、第二次世界大戦という状況のなかで、当時の会議派指導部が帝国主義戦争に反対するという認識の上にたって、イギリスに対して集中的な批判を提起したことは、インド現代史の発展の中でユニークな側面をなしており、このような問題意識が全体にみなぎっている。他方、『インドの発見』は、インド古代から叙述をおこすに当たって、ときには無味乾燥になりがちな歴史叙述に生命を吹き込んでいるといえるようである。『インドの発見』は、少なくとも第二次大戦期まで、イギリス人によって書かれた、何冊かの、砂をかむようなインド史の書物に比べて格段に興味深くかつ有益である。そこには、歴史を進めようとするネルーの立場が投影しているからである。

ネルーの歴史観は、被抑圧民族の独立思想を軸にして構成されている。世界史物語を書く際にネルーはイギリス人H・G・ウェルズの著作を手がかりにしたと書いている。ネルーはウェルズの『世界史概観』を模範としたのでもなければ、事例としたのでもなく、もっぱら歴史叙述のための手がかりにしたのであった。ネルーには、絶え間なく発展する人間社会に対する無限の信頼感のようなものがあった。その歴史観の中には、人間の行動や生活の退廃に起因する反社会的な意識、ないしは反歴史的な意識が流れ込んでくる余地はまったくなかった。この点を、現代インドの著名な歴史家であった、K・M・パニッカルによって展開してもらうことにしよう。

パニッカルのネルー論　現代インドの著名な歴史家のひとりであり、日本にも、その訳著で知られているパニッカル（南部インド、ケララ州の出身）は、一九五九年にネルーの古稀《こき》[1]を祝って出版された『ネルーの研究』（ボンベイ刊）に一文を寄せている。そのテーマは「歴史家としてのネルー」である。パニッカルはその中で次のような点を強調している。

第一に指摘されるべきは、ネルーが研究者としてインド史に独創的な研究をつけ加えた、というようなことはだれにもいえない。しかし、ネルーの一連の著作がインドにおける歴史書を豊かにするうえで輝かしい役割を果たしたことはたしかな事実である。たとえば『インドの発見』は、たとえインドの大学や高等学校の先生方とは異なった考え方をしているにもせよ、インド史に関する大作《たいさく》である。『インドの発見』は新しい歴史上の事実を明らかにしたわけでもないし、インド古代・中世の知られざる王朝を新しく掘りだしたわけでもなく、いまだに判明していない歴史上の空白を埋めたわけでもなく、今日、インドの歴史学界で問題となっている研究上の論争を解決したわけでもない。『インドの発見』の本当の意義は、それがインド民衆の物語を書く最初の試みであったこと、古代から現代にいたるインドの発展についての歴史像を与えるための初めての試みであったことにある。それは用語の適切な意味で歴史書といえるものである。

1）七〇歳の長寿のこと。

つぎにパニッカルは、インド史に対するヒンドゥー的な立場、ムスリム的な立場、イギリス的な立場、また今日のインドで有力となってきている地域的な偏狭《へんきょう》な立場などに対して、ネルーが一種の反論を出している事実に注意している。一般にインドの大多数を占めるヒンドゥーは、全体としてインドを聖なる国、文明・哲学・宗教などの中心地としてとらえ、後にムスリム征服がなされ、ついでイギリスの支配が確立したという叙述の形式を打ちだしている。ムスリムは、かつて自分たちが支配した土地、自分たちの文明に対して生きた証拠をもたらしている土地としてインドを考察の対象とする。また、広大なインドの諸地域はそれぞれが自己の過去における栄光をさがし求め、その栄光をインドの栄光として強引に同一視する。これに続いて、一部のインドの歴史家の新しい傾向として、地方史研究ないしは埋もれた諸王朝の物語りについて関心を集中する。かれらの手にあっては、それぞれの地域はかつての帝国の尊厳を主張し、他にまさるという、地方的なねたみを生みだす肥沃な土地としてのインド史になりさがってしまう。これらと対照的に、ネルーのインド史への貢献は、みずからインドを発見するという模索の過程で、ネルーがインドの民衆を発見し、民衆史の最初の概観を、職業的な歴史家としてではなく、ヒューマニストとして書いたことに求められる。

パニッカルのかかげる第三点としては、ネルーの『世界史物語』に関連している。あえて世界史といわなくとも、ヨーロッパの歴史家たちが描く歴史は、良きにつけ、悪《あ》しきにつけ、ヨーロッパ中心主義に傾斜している。文明はエーゲ海の岸辺に生まれ、ギリシアに初めて開花した。そして、アレキサンダー大王により東方に伝えられる。一方、それはローマを経て、ヨーロッパに拡大し、そこに根を張る。大半のヨーロッパの歴史家と、その支配的な思考様式によれば、文明とは、ヨーロッパの政治的な支配を通じて、一九世紀に世界中にあますところなく拡大したヨーロッパの自己実現《マニフェステーション》である。イスラーム、中国、インドといった、同時代の非ヨーロッパ文化の存在は黙殺されるか、ないしは成長を停止したものとして忘れ去られる。歴史に対する、こうしたアプローチはあまねく行きわたっており、当然のことながら、ここからは非ヨーロッパ文化に対する軽視、ヨーロッパの優越性といった神話が生まれてくる。シュメール、エジプト、インダス、中国に広がる、最近の考古学・歴史学の研究成果は、ギリシア文明の唯一絶対性といった考え方を根底からゆさぶっている。さまざまな民衆が世界の文明全体に寄与しているということは、歴史上すでに公認されている教養である。しかし、今世紀の初期にあっては、次のような正統派的な考え方が、すべての教科書、書物に反映されていた。つまり、文明はヨーロッパの独占物であり、あらゆる分野における進歩は、ヨーロッパにおいてのみ起こったものである、と。そこでパニッカルは、ネルーの世界史について論じ、『世界史物語』ではヨーロッパの生みだした業績なり、ギリシア、ローマの遺産なりをしかるべく評価したうえで、むしろ、ペルシア人、アラブ人、インド人、中国人の貢献に重点を置いており、人類史の発展を世界的な視野のなかで把握していると、評価している。

パニッカルによる歴史家としてのネルー論は実はネルーの還暦記念論文集（一九四九年、ニューデリー）にも展開されている。そのネルー評価の立場は、ほとんど同じであるけれど、とくに職業的でない歴史家としてのネルーの大きな役割を強調している点は興味深い。独立後のインドにおける歴史学の研究の流れの中には、確かにパニッカルが指摘するような地方的な偏狭性を抜けきらない研究者が数多く輩出《はいしゅつ》している。ベンガルを抜きにしてはインドを語れない、マハーラーシュトラを無視してはインド史を語れない、といった言い方は、それなりにインドの全体の姿をとらえるうえで軽視できない意味がある。しかし、実際には、こうした立場がきわめて排他的な役割を果たす場合がしばしばある。たとえば、マハーラーシュトラの社会・歴史・文化こそ、インドの社会・歴史・文化の歩みなのだ、という主張がでてくるのである。実際にインド人の学生なり学者なりと行動を共にしたり、接触を広げてみると、こうした自己主張が、想像以上に根強いものであることをまざまざと感じさせる。また、ネルーは一度ならず、全インドの歴史家の会合に出席して「訓話」を垂《た》れることを慣例としていた。あるとき、歴史家を前にして、ネルーは古代史を専門とする歴史研究者に向かって、もっと現代史の勉強をする必要があると語り、現代史研究者に向かっては古代史をもっと勉強せよ、と提言《ていげん》している。ネルーの発言を善意にとるならば、古代の文献いじりに没頭している研究者といえども、現代世界の動向についてまともな分析を打ち出す能力をもつ必要がある、とうったえたのであろう。現代史研究者といえども、対象を支える幾世紀にもわたる過去の歴史を軽視してはならないことを、強調したのである。専門家が専門家として安住することにネルーは警告を発したのであった。

ネルーによる民族運動の再発見

一九五八年一一月、民族的な指導者ビピン＝チャンドラ＝パールの誕生百年を記念する講演会が、カルカッタやニューデリーで開かれた。すでに述べたように、パールはティラクと並んで二〇世紀の転換期の会議派の中にあって、インドの独立を要求する民族派の政治家のひとりであった。ニューデリーの記念集会では、ネルーが司会の労をとり、偉大な政治家としてのパールに高い賛辞《さんじ》を寄せていた。

「ビピン＝バーブー[1]は、第一次非協力運動に際して、ガンディーと私たちから離れていった。私たちはパールを時代遅れの存在とみなしていた。新しい世代が、しばしば、当たり前のこととして受け取っているものは、実は、前世代のきびしい戦いの成果であることが忘れられるものである。……過ぎし時代の偉大な人材を判断する際に、私たちは常にその人びとが生存し活動した時代環境を考慮しなければならない。そのとき初めて、私たちは誤りのない見通しを持つことができる。インドは、ビピン＝バーブーにたいし、その多面的な貢献およびインドの前進と改善のために負うところ大であった。パールは新時代の招来《しょうらい》のために戦った。」

ネルーの講演には多少とも沈痛なひびきがこもっていた。ネルーが沈んだ面持《おももち》でパールの政治的な活動をたたえた背後にはひとつのエピソードがあった。

一般に批判と非難とは異なるものである。批判は論理を媒介《ばいかい》とするが、非難には感情がはいってくるからである。かつてネルーは自伝の中でパールを非難したことがある。一九三二年にパールは他界したが、それから四年後にネルーの自伝が刊行された。留学当時を回想してネルーは、つぎのように書いている。

1) ヒンディー語で年長者に対する敬称。「先生」に近い場合が多い。

「私は父に手紙を書いて、ビピン＝パールの講演よりはラーラー＝ジー[1]の方が好きだと伝えた。これは父をよろこばせた。当時父はベンガルの煽動家《せんどうか》たちに好感を寄せてはいなかったのである。」

なるほど、この部分を取り出してみれば、ネルーは故人にムチをあてているように理解される。ネルー家とパールとの間には、第一次大戦直後にも、おもわしくない事件が起きている。ネルーの父の経営する新聞事業に関係することになったパールは、まもなく思想上の対立を理由に、ネルー家との接触を切っている。こうしたなかでできたネルーの対パール観がそのまま自伝に書きつらねられたのであろう。

しかし、独立後一〇年を越えた時点で、ネルーのパール観は大きく修正されざるを得なかった。それでは、単なる記念事業に顔をつらね、その場かぎりの外交辞令をネルーはいったのであろうか。むしろ、独立後のインドのあらゆる面での変化や発展が、ネルーの立場の変化に反映していたと見る方が妥当であろう。その場合にたいせつな問題は、独立後のインドにおいて、近現代インドの民族独立運動に関する資料や、研究文献が予想以上の規模で出され始めたことである。民族的な指導者としてのネルーは、かれなりの観点から「インドの発見」を独立前夜に試みていた。しかし、全インド的な規模で、しかも、政治的独立の達成という条件を前提にしたうえで、ネルーのような指導的立場にあった者を含めて、インドの一般大衆が、インドを「発見」して行く過程は、実は先に述べた近・現代インドの歩みを資料的、かつ文献的に裏づけていく作業の開始に対応していたのではないか、と考えられる。さらにいえば、民衆の「インドの発見」という作業

1）ヒンディー語で「〇〇さん」の意。老若男女を問わず広く親しみをこめて使われる敬称。ここではラーラー＝ラージパット＝ラーヤさんの意味。

が、一段と有利に推進され得る状況が開けてきた、ということである。植民地時代にイギリスの警察署の倉庫に奥深く眠らされていた、さまざまの文献が、にわかに日の目を見ることになり、政治的独立の興奮にささえられて、インド民族の戦いの歴史を掘りおこす仕事がいっせいに進められた。ネルーの立場の変化は、こうした状況の変化の一端に結びついているように思われるのである。

とくに、一九五〇年代にはいって、インド民族運動の百年史を振り返る事業が会議派政府のレヴェルにおいても、在野のレベルにおいても数多く行なわれるようになった。その皮切りはインド人の反乱（一八五七―五九年）の記念事業であった。会議派政権としては、インド人の反乱の百年を記念するうえで、とくに反乱の民族闘争の側面を重視する狙《ねら》いをもって数人の歴史家を動員して、論文集を刊行している。一方、在野のインド共産党の提案で、マルクス主義の歴史家の執筆になる論文集も発行された。会議派政府の刊行した論文集は、あえていえば、インド人の反乱に関して反乱の民族闘争としての性格を否定するか、または疑念を示す方向を示していた。その意味では、曲《まが》りなりにも反乱の民族闘争的な理解を、すでに植民地段階でしていたネルーの立場を下から掘りくずす職業的な歴史家の動きが注目されていた。一方、マルクス主義の側からする反乱の研究は一段と進み、反乱が東インド会社の傭兵《ようへい》と貧農層の統一行動を基盤にして進行し、一部の農民層は、地主階級の土地の分配のため管理委員会を組織するまでに立ちいたっていたことが明らかにされていた。ここには未完成に終わったにもせよ、インドにおける反植民地主義と反封建主義を志向するブルジョア民主主義革命の萌芽《ほうが》が認められるものであった。

20世紀初頭の民族運動指導者
左からラージパット＝ラーヤ，ティラク，パール

　また、一九五六年には革命的デモクラットとして、輝かしい政治活動を展開したロークマーンヤ＝ティラクの誕生百年記念祭がインド各地でとり行なわれた。これを契機にしてティラクの生涯と思想を明らかにするための数多くの研究が次々と発表され、「政治的には進歩的であるが、社会的には反動的な政治家ティラク」といった、偏見《へんけん》に満ちたティラク論が突きくずされ始めたのである。とくに過激派という名称のもとに、歪曲《わいきょく》された解釈や評価が従来ティラクに投げつけられてきた事情もあり、一九五六年以後、インドで出され始めたインド人研究者自身の新しい研究業績は、かつての「古典的」な理解を粉砕してしまったかの感がある。一九五六年、インド議会内でティラクの肖像の除幕式にのぞんだネルーは、大衆指導者《マス・リーダー》としてのティラクを高く評価し、とくにティラクがインド独立への精神的な衝撃を大衆にもたらしたうえに、独立を確保するためには組織的な努力と犠牲を払わねばならないことを身をもって

実践し、民衆の心に大衆的な努力と大衆的な闘争への方向づけをもたらした点を力説《りきせつ》している。ネルーは、自伝の中でケンブリッジ留学に自分がティラク主義者であったと回想している。しかし、ネルーがティラクの思想と行動の本質を、その時代に則して自分のものにしたのは、実は、独立後のことではなかっただろうか。少なくとも、ネルーのティラク理解が独立後の段階で急速に深まった事実をここで指摘しておくことはむだではないであろう。

以上述べたように独立後のネルーは「インドの再発見」ともいえる発言をいたるところで行なっており、その点に関する限り、実に謙虚に過去の誤りを修正している。だれにとってもいったんできあがった自分の視座を破壊することはむずかしいものである。ネルーはあらゆる面でこうした柔軟性や弾力性をもち続けることができたのであろうか。

ネルーの社会・文化論

ネルーとヒンドゥーイズム　ヒンドゥーイズムの内容を簡単に説明することはなかなか困難である。従来、これは日本では印度教と訳されてきた。しかし、今日の日本人の生活の中で仏教の占める位置を考えたうえで、ヒンドゥーイズムが現代インドの民衆の間に占めているものだと判断するのは大きな誤りである。ヒンドゥーイズムに関する一応の理解としては、今日のインドの滅びつつある、また滅ぼされなければならない、宗教的、社会的な慣習と規範《きはん》であることが指摘されよう。

ネルーのヒンドゥーイズムに対する態度は、全政治活動の中に一貫して流れていた。つまり、ヒンドゥーイズムに対しては、批判的な立場をとっていたのである。たとえば、第一次大戦後に政治活動に自分の身を投じて以来、ネルーはインドをまとめていく原理としてヒンドゥーイズムを正面きって提唱することは一度もなく、むしろヒンドゥーの社会的、政治的な至上主義を排除して行く側にあった。逆にいえば、特定の宗教的な集団に何らかの特権的な存在理由をあたえる、いわゆるコミュナリズムをネルーは批判する側にあった。当然のことながら、一九四〇年代にイギリスの分割支配政策に支えられて出発した、インドームスリムの国家パキスタンの分離独立の構想を当初から批判する方針をとっていた。近・現代のインドの民衆を宗教的な観点から色分けする――伝統的インド学は遂にこの観点を克服しえなかった――と、ヒンドゥーを筆頭に、イスラームを掲げたムスリム、八世紀の半ばにイランからのがれてグジャラートに定住したパールスィー、ジャイナ、シーク、クリスチャンといった集団が存在している。この中でムスリムは、一つのまとまった国家を作る必要があるという分離独立構想が、M・A・ジンナーを先頭に、第二次大戦期に前面に押しだされてきた。これに対して、ネルーは将来の独立インドが宗教的な相違という壁を乗り越えて一本に平等に結集されるべきである、という考え方に支えられていたのである。また、一九五〇年一月に施行されたインド憲法の第二五条では、インド人民の信教の自由を保証することを謳《うた》っている。しかも、憲法は特定の宗教を国家宗教としてまつりあげることもあえて試みていない。ヒンドゥーイズムはインド共和国の政治的な原理として採用されなかったのである。この点に関するかぎり、イスラームを国教として出発したパキスタンと非宗教国家《セキュラー・ステート》インドとの間の差は興味あ

パキスタン建国の父，ジンナー

る問題点をなしている。新しい共和国体制をインドが盛り立てていくうえで、非宗教国家への方向づけを曲がりなりにも打ち出しえた背景には、植民地段階におけるインドの独立運動の幅広い進展があり、この過程で宗教的な契機ないしは側面をしだいに切り捨てて行く勢力、つまり、勤労大衆の政治行動への参加という事態が存在していた。この勤労大衆の動きは、独立後においては一層有利に拡大されることになったのであり、この点がネルーを初めとする会議派政府の動向を大きく規定していた、と考えられるのである。ネルーがもっていた良識は、以上のように、新しい政治体制の中に、ある程度、定着することが可能であった。

しかしながら、一九四七年の分離独立をインド国民会議派は結局くい止めることができなかったように、また、一般にインド社会の発展の阻止的な要因として働くヒンドゥーイズムを、会議派政府が全面的に一掃していないように、ヒンドゥーイズムにまつわるところのコミュナリズムの問題は別の角度から検討するに値するものである。

たしかにネルーとしては、先のパキスタン構想に対してきびしい批判をだしていた。しかし、一九四七年の分離独立前夜において、会議派指導部が一体となってムスリム連盟の分離構想に効果的に対決する理論も、したがってまた実践も、ついに打ちだし得なかったことを歴史は物語っている。連盟側が、イスラームの危機という殺し文句を掲げて、ムスリム大衆を抱き込んでいったのと対照的に、会議派は分離独立反対、コミュナリズム反対という従来の古めかしい原則論をふりかざしたにすぎなかった。しまいには、インドームスリムとヒンドゥーは別個の民族を構成しているという、連盟側の指導部と軌を一にする妥協的な立場が会議派内部の主流意見として出されるにいたっていた。ネルーもガンディーも、この局面では完全に少数派に属していた。分離を何とかして阻止しようとして、独立期日の延期を必死になって説得していたアーザードの行動が、独立前夜の政治過程のなかにわずかに淡い光をはなっていたのである。分離に踏み切った会議派指導部と、ヒンドゥーイズムの絶対的な優位を公然と主張してきた右翼宗派政党であるヒンドゥー＝マハーサバー[1]（一九〇八年創立）の指導部とは行動の面で奇妙に一致することになった。マハーサバーはインドの将来構想をアカンド＝ヒンドスターン、つまり「分割されざるインド」の実現に置いていた。この概念はあくまで受動的で消極的なものであって、何ら積極的な意味内容が与えられておらず、ヒンドゥーの絶対性の確保といった誠に反動的なスローガンをただひとつの足場として活動していた。分離という事態の中に、インド民衆の真の民族的な苦痛を感じとり、ヒンドゥーの思い上がりを叩くという特異な立場をとっていたマハートマー＝ガンディーを暗殺した下手人は、実にヒンドゥー＝マハーサバーの党員であった。

非宗教国家の建設という理念は、当初、会議派政権の金科玉条であった。しかし、一九五〇年代の終わりから六〇年代にかけて、インド内部の政治・経済状態の悪化と共に、会議派指導部は自己の利益を守るためには先の理念をあっさりと放棄するまでに後退していた。一例として、一九五九年七月の会議派中央政府によるケララ州共産党政府[2]の解任がある。その背後には、ケララの会議派は、ムスリムやクリスチャンの反動

1）ヒンドゥー大連盟の意。
2）第二回総選挙（一九五七年）の結果、南インドのケララ州に誕生した。

勢力と同盟してケララの内政を混乱させ、共産党政府に対してありとあらゆる攻撃を加えている。先の会議派の理念が特定の宗教的な集団の利益を基準にして政治を行なわないことを意味するとすれば、この解任にいたる政治過程は会議派の理念を根底から掘りくずして行く過程でもあった。さらに、一九六五年、カシミールを中心にインドとパキスタンの両国家の間に武力衝突が発生している。ネルー死後の最大の事件といえば、この武力衝突をだれでも指さすであろう。この背景には、インド側の指導層がカシミールの境界画定をめぐるパキスタン側の境界侵犯を軍事力で押し返す意図が働いていた。対パキスタン軍事行動は、内外におけるインドの評価をさらに落とすことになった。しかも、会議派政権の武力政策を後から支えるように、ヒンドゥーイズムの危機とその栄光の回復をうったえる声が、単にヒンドゥーマハーサバーや右翼諸政党から出されるだけではなしに、会議派の一部からも出された。インドのある知識人によれば現代インドの統一原理としてヒンドゥーイズムを主張する勢力は絶望的な少数派に属するという。私たちが注意しておきたいのは、こうした良識を簡単に吹きとばしてしまう反動的な要素が現代のインドに未だに実在しているという点である。

カースト制度の実態と批判

ヒンドゥーイズムの社会的な側面を形成するものとして、人はカースト制度を必ず話題にする。そのカースト制度に関しては、無数の書物が書かれ、無数の体験が語られている。

しかし、はたしてカースト制度は特殊インド的なものとして片づけられるものであろうか。インドからの分離を主張し、パキスタンの実現を要求したムスリム連盟の指導者たちは、自分たちの特権的な地位を棚上げして、もしもインドにムスリムがとどまるとすればムスリムの総奴隷化が行なわれるだろう、と宣伝を行なってきた。しかし、でき上がったパキスタン内部のムスリム社会に、カースト的な上下の身分関係ないしは、それにつらなる階級関係が一掃されてしまった、とはだれも考えてはいない。一般に指導と被指導という対応関係は封建社会、植民地社会、資本主義社会、さらには社会主義社会においてすらも確認されるものである。問題は植民地社会や資本主義社会の指導と被指導の基本的な関係が、支配と被支配、いいかえれば搾取《さくしゅ》することと搾取されることによって内容的に裏づけられているところにこそある。インドの場合、たまたま、その関係がカースト制度という形をとっているにすぎない。したがって、カースト制度をインド特有の産物としてとらえることは大きな誤りである。

このカースト制度を構成する主要なカーストとしては、ブラーフマン、クシャトリヤ、バイシャ、シュードラが挙げられ、それぞれがさらにいくつもの小カースト《サブ》に分かれている。ブラーフマン-カーストは概して僧職者、クシャトリヤは軍人、バイシャは商人、シュードラは奴隷をなしていると説明されている。これらはカースト制度のいわば理念的な型を語っているにすぎず、現代のインドの社会構造はこの四大カーストの区分を適用することによって解明することはできない。もちろん、都市と農村との差は考えなければならないけれど、理念型としてのカースト制度は、事実上、独立後のインドで急速に変わりつつある。ブラーフマンからシュードラにいたるカーストの上下関係は、一般に地主=小作関係を農村ではあらわしている。

もちろん、ブラーフマンでありながら、地主的な特権を何かの事情で失ってしまい、ルンペン化している場合もないわけではなく、シュードラが地主の地位に成り上がっている場合もある。ここから、容易に想像がつくように、現代のインドの農村における問題は、単なるカースト制度の打破といった点にあるのではなくて、地主＝小作関係をいかに打破するか、というところにしぼられてきている。ケララの例をとってみよう。この地方では、二〇世紀の初頭、《一つの神と、一つのカースト》を目ざすカースト制度の批判組織が作られ、第一次大戦後には、ナンブーディリーと呼ばれるブラーフマンの地主制度の抑圧に抵抗する農民運動が、先のカースト批判の組織を母体《ぼたい》として発展した。ケララの農民運動は一九三〇年代以降、今日にいたるまで、インドの農民運動のひとつの拠点にさえなっている。

独立後、インド政府は政策上のたて前としてはカースト制度を否定する方向を打ちだし、インド憲法は第一五条でカーストによる社会的な差別を禁止し、第一六条では不可触賤民の廃止を規定している。ネルーを初めとする会議派指導部としては、カースト制度に対して実にきびしい批判的な態度をとっており、とくにマハートマー＝ガンディーによる不可触賤民の救済活動が、一九三〇年代の後半以降において活発に進行していた背景もあり、ヒンドゥー社会のガンとしてのカースト制度全体に対して、とにかく、法的な規制を設けるところから、第一歩を踏みだしたのであった。こうした措置《そち》は確かにインド社会のひとつの発展を意味し、ネルーも、いたるところで、憲法の精神をうったえてはいるけれど、実際にはカースト的な結合関係をてことするさまざまな集団が、ときに反会議派的な動きを示していることも事実である。憲法上の禁止ないしは廃止の規定がそのまま現実の慣行を根底からひっくり返すものではないことはよく知られている。人々が、法律上の保障が具体的な拘束力《こうそくりょく》をもつかどうかを理解するまでには、時間はかからないであろう。

とくに注目すべき問題としては、政治的独立の達成という新しい条件のもとでカースト的な秩序の再編成がおこっていることである。現代インドの著名な社会学者であるM・N・シュリーニバスは、ブラーフマン以外のカーストの出身者が政治的・経済的なエリートのコースに進出し、それによって社会的な地位を高める結果、カースト制度の理念がくずれ始めたことを重視し、こうした過程をサンスクリタイゼーション[1]と呼んでいる。たとえば不可触賤民の出身でありながら、政治家としての活動をブラーフマンと並んで展開したアムベードカルがあげられる。また、本来ならば商業カーストの枠の中に埋没《まいぼつ》せざるを得ないバイシャ出身者が学術研究者として頭角《とうかく》をあらわすような場合もでてきている。サンスクリタイゼーションは簡単にいえば職業の選択という場に一種の下剋上《げこくじょう》が発生してくる過程をさしており、ブラーフマンの特権的な地位がゆすぶられ始めたことを意味している。追いつめられたブラーフマン-カーストは、いよいよその存在理由を強固な血縁的関係の中に発見しようとするかも知れない。成り上がり者は、成り上がり者の間で結合しようとするかも知れない。しかし、サンスクリタイゼーションでカースト関係を解釈だけしていてもあまり意味はない。すでに、一九世紀の後半以来の資本主義発展とそれに伴う資本と労働との間の矛盾、民族独立運動の発展、労働運動と農民運動の発展、独立後における政治的・経済的な変動が進んできているわけで、カー

1) 英語で Sanskritization と表現している。

スト制度は今大きな転機に立たされている。ネルー自身としてはインドの統一に妨げとなるカースト主義を克服する方向を明確にしながらも、結局、その理念の一端を法制的に具体化するにとどまった。カースト制度の徹底的な批判は労働者・農民を中心とする勤労大衆の側から提出されるものであった。

インドの教育問題

現代インドの教育問題の中で、もっとも切実な意味をもっている課題は、全人口の七六%という文盲率の高さを一掃することであろう。つまり、一〇人のうち、二人か三人しか文字を読んだり、書いたりすることができないというみじめな状況がある。もちろん、大都市を訪れる人は、主としてイギリスの植民地時代に建てられた大学のみごとなたたずまいに目を見張ることであろう。しかし、同時に、道ばたにテントを張った小学校、雨をしのぐだけの日干《ひぼ》しレンガ[1]で作られた小学校を目にするとき、私たちはあまりにも、大きな違いに驚いてしまう。つまり、高等専門教育と初等義務教育との差が激しすぎるのであり、上に行けば行くほどりっぱなものになる、という教育制度がここに存在している。しかも、高等教育に進む生徒は日干しレンガで作られた何の教科設備もない小学校で勉強したのではなく、ごく少数者のための設備のととのった小学校で学んだものである。

インド民族の要求を満たすところの、教育の実践の問題が、政治行動の場で公然と提起されたのは、一九〇六年のインド国民会議派大会においてであった。すなわち、スワラージ（独立）と並んで民族教育の促進

1）強烈な日光を利用して作られる。しばしば、インドの農村で家を建てるのに使われる。

が明確に打ちだされたのである。この時点で、こうした要求がでてきた理由はいくつかあるはずであるが、何よりもまず、一九世紀の後半段階以降における資本主義の発展と、これに対応する民族形成が急速に進んだ事情がある。イギリスからの独立を求めるインドの民衆が自己の民族言語――従来、ヨーロッパ人は土語《ど》、土着語あるいは現地語とこれらを呼んで、軽蔑《けいべつ》の対象としてきた――を媒介《ばいかい》とする民族教育の系統的な確立を求めたのも当然のことであった。植民地政府の官吏養成を目的とした大学はボンベイ・マドラース・カルカッタに一九世紀半ばに設置されていたけれど、これらの「最高学府」は、インド民衆の求める教育を実践する何らの理想も義務も持ち合わせていなかったのである。

第一次大戦後、ガンディーやネルーがインド政治に登場する中で、先に出された民族教育の理念は一段と深められ、建物こそりっぱなものはできなかったにもせよ、とくに小学校に対応する教育施設がインド各地に設置された。一九三七年一〇月、ワルダーでガンディーの主催のもとに教育会議が開かれ、

㈠　全国的な規模で、七年制の無償義務教育が実施されるべきこと。
㈡　教授用語は母語とされるべきこと。
㈢　教育の全過程は、一定の方式にもとづいて手を使用する生産的労働に集中されるべきこと。また開発されるべき全才能と施されるべき訓練とは、児童の生活環境を考慮して選択されたおもな手仕事に、うまくかみあうようにすべきこと。
㈣　教育制度は、それ自体、徐々に教師に対する報酬を自弁できるようにすべきこと。

を決議した。これがガンディーの提唱した基礎教育、いわゆるベーシック・エデュケーションの骨子《こっし》であった。

独立後、インド政府は工業化を国の目標にして全力を傾ける方針を明らかにした。一九五一年四月からは五カ年計画がすべりだし、教育の拡充にも重大な関心が払われるようになった。ガンディーなき後、ネルーはガンディーの構想の上に新しいインドの教育理念を打ちだした。とくに迷妄《めいもう》に対して徹底的に抵抗し、真理に対して謙虚《けんきょ》であること、簡単にいえば、科学教育の導入をもっとも重視した。科学教育に重点を置くことは、従来植民地教育の中では考えられなかったことである。インドの大学の大半は元来法学部・経済学部で占められていたからであり、独立後は理工系の拡充に重点が移っていった。ネルーの教育論の中で第二の特徴は民族的な文化を重視しながら、同時に一国の文化を国際的な視野の中で豊かにしていこうとする、一種の人類文化の発展のための教育を考えていたことである。これは一見して空論のようにも思われるけれど、インドの教育の実情に不満が多ければ多いほど、ネルーとしては、自己の希望を一段と高いところから強く語り続けなければならなかった。人はしばしば教育者としてのネルーという側面を見落としがちである。しかし、ガンディーの教育思想を土台としながら、ネルーが視野の広い、科学教育を重視する方向を打ちだしたことに注意をむける必要がある。

しかし、冒頭に述べたように、独立後のインド教育の普及度は牛の歩みにも似《に》てまことにゆっくりと進んでいる。たしかに、インド憲法は第四五条で、「憲法の施行後一〇年間以内に一四歳までの全児童に対して、無償義務教育を行なう努力を国家がする」とうたっている。しかし、この条文はあくまで約束の規定であって、民衆が義務教育を受ける権利をもつことを規定したものではない。努力はしておりますが、効果があがっておりません、といわれれば、それまでの話である。五カ年計画は第二次、第三次と進行しながらも、教育は一般大衆にとって手のとどかぬところにある。たしかに、州によっては、たとえばケララ州のように、児童の就学率が百%に近く、文盲率もきわめて低いところもある。しかし、これは例外的な存在である。この教育の普及がゆきづまっている根本的な原因はどこにあるのだろうか。インドの民衆、とくに農民の間には学習意欲が先天的に無いということであろうか。ネルーを初めとする会議派政府は、この点に関する限り、問題に対する解答を用意できなかったようである。何といっても、農民が教育に対する強烈な関心をいだくようになる、社会的な条件を用意することが急務である。農村の子どもたちが、そろって学校に出かけて行けるような経済的なゆとりが作りだせない限り、いくら、第三者が学習の必要性を説いて回っても、効果はない。したがって、インド農村における教育の普及

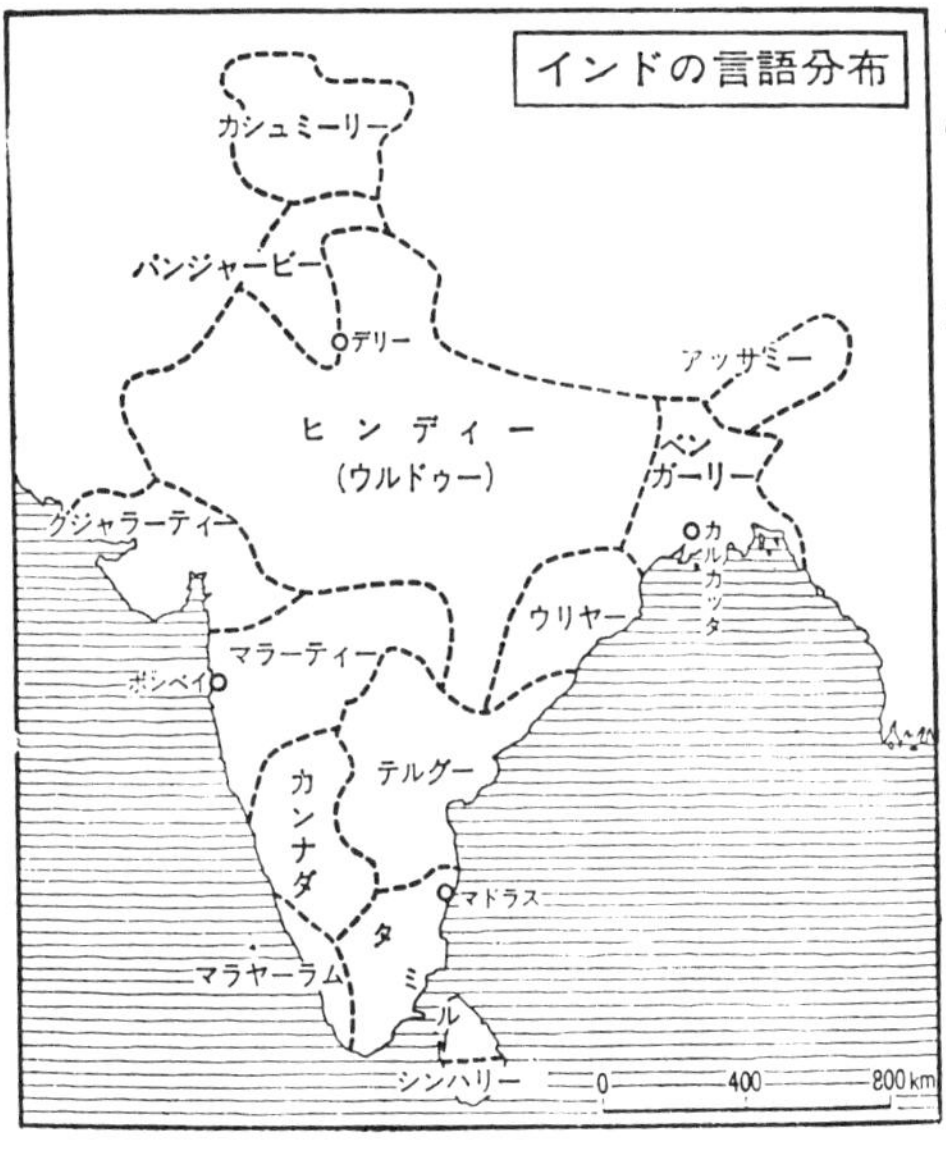

インドの言語分布

と拡大という課題は、実はインド農村の変革、さしあたり地主制度の廃止という課題と密接につながっていることが理解されるであろう。

民族言語の今日的状況

現代インドの言語問題をとりあげるとき、一般に言語分布の多様性や実態の把握の困難さがインドの内外で不当に強調されてきた。これは、諸言語の色分け、ないし分類こそが言語研究の本筋《ほんすじ》であると錯覚《さっかく》した一九世紀イギリスの言語学者とその亜流——今日でもその跡を断たない——の悪影響によるところが多い。この学派の「成果」を踏まえた上で、イギリスの植民地政府であるインド政庁は一九〇一年の国勢調査でインドの言語数を一四七と発表した。その中には一億から数千万におよぶ使用人口と高度の文学や詩をもつヒンディー語、あるいはベンガーリー語などと、使用人口がたった一人か数人からなるカブイ語、アンドゥロ語、ノラ語が同格に数えられていた。言語が人間の意志の伝達手段であるとすれば、たった一名の使用者を持つアンドゥロ語をあえて取り上げたイギリス植民地主義者の頭の中には、新しい「言語概念」が生まれていたに相違ない。おそらく、この植民地主義者はアンドゥロ語を使用してサルと「会話」したのであろう。

イギリス植民地主義者の恐るべき「分類」はさておいて、独立後のインドには次のような諸民族語が存在している。

A. インドーアーリヤン系……ヒンディー（ウルドゥー）語、マラーティー語、グジャラーティー語、パンジャービー語、ベンガーリー語、アッサーム語、ウリヤー語、カシミーリー語、シンディー語。

B．ドラヴィダ系……タミル語、マラヤーラム語、テルグー語、カンナダ語。

以上のように、現代インドの主要な民族語は一三を数えるにすぎない。後に述べるようにこの言語数は民族の数と対応している。もちろん少数部族、つまり民族体の言語も存在しているが、それらは大体A項かB項の言語のうちのひとつの方言にすぎない。これらの民族語の形成と展開を追求する課題は、今日の歴史学・言語学・文学研究の三者に投げかけられている。きわめておおざっぱな理解を試みるとすれば、多少のちぐはぐはあるにもせよ、民族体の言語として、これらが形成されてくるのは、大体一六世紀末から一七世紀初めにかけてのことである、と考えられている。諸民族体言語は、一九世紀の後半段階で現代インドの諸民族語への成長と転化を開始し、その後の発達がみられた。もちろん、民族体の言語形成の場合と同様に、民族語の形成にもインド各地の社会・経済的な発達の条件によって不均等性がみられ、グジャラーティー語、マラーティー語、ベンガーリー語、ヒンディー語などが先頭を切るためにしのぎをけずった。

植民地時代、民族独立運動が進むにつれて、いや、民族独立運動を徹底的に押し進めるために、共通言語の必要性が痛感されるにいたった。特に第一次大戦期、インド国民会議派大会では、大会用語としての従来の英語に代わりヒンドスターニー語が初めて採用された。ヒンドスターニー語は厳密にいえばウルドゥー語をさすのであるが、当時はヒンディー語がかなり混合していた言語であった。第一次世界大戦から第二次世界大戦にかけての時代に、ヒンドスターニー、ウルドゥー、ヒンディーの諸言語の中で、どれを共通語として採択するか、国民会議派の中で激しい論争がおこされた。ウルドゥー語はムガル時代に民衆語として発達したもので、語彙《ごい》はアラビア・ペルシア両語からきたものを主としていて、文字はアラビア文字を使っている。一方、ヒンディー語は古代インドのサンスクリット語と同様にナーガリー文字を使用し、語彙はサンスクリット系統から出たものが多い。注目すべきは双方が文法の面においてほとんど同一であるということである。この論争は結局会議派指導部の妥協案で一応の決着がついたかに見えたが、実をいえば真の解決にはほど遠いものがあった。すなわち、一九三七年、ネルーは、ヒンディー語とウルドゥー語を切り離すことに反対し、双方を全インド的な言語として採択することをうったえ、さしあたりの便法《べんぽう》として、ベーシックーイングリッシュ[1]にならい、ベーシック・ヒンドスターニーの採用を提起した。ネルーの考え方は一面で合理的ではあったけれど、それぞれが、独自の歴史と文学と詩を発展させていた内容上の距離という溝《みぞ》を人工的に埋めることは不可能であった。しかも、共通語の確立という面に主要な関心が性急にしぼられた結果、ヒンディー語を含めたインドの諸言語をそれぞれ民族語として発展させるという重要な視点が抜け落ちてしまった。そのために論争の対象が技術的な面――たとえば文字の問題――に集中してしまったのである。

共通語の画定をめぐる問題

独立前に発生していた共通語を画定する問題は、独立後のインドに引きつがれた。一九五〇年の憲法施行から六五年までの一五年間に、インドの公用語として英語とヒンディー語

1)　イギリス人C・K・オグデンのとなえた八五〇語を使っての基礎英語の体系。国際的な補助語の確立を目ざしていた。

が同時に使用されることが決められた。その後はヒンディー語を主要公用語に、また英語を補助公用語にすることが大体の方向として確定されていた。ヒンディー語が全インド的な公用語としての位置を占めることはあらゆる面から見て妥当であった。現に、ヒンディー語の主たる使用地域である北部インドを除いても、西部、東部、南部のインドの諸州においてもヒンディー語の教育が始められており、とくに都市ではいたるところでヒンディー語を理解する人がふえている。その意味では、ヒンディー語はインドで最大の民族語の地位を占めるにいたったと判断してよいであろう。ところで、インドにおける言語問題はインドの諸民族語の問題であり、民族語の問題は突きつめて考えれば民族文化の発展、さらにいえば特定の民族を構成する民衆の生活と文化の発展にかたく結びついている問題である。新しく出発した共和国の会議派指導部は確かに民族語を発展させる方向でいくつかの重要な措置を講じてきた。藩王国の廃止にせよ、一九五六年一一月の言語別州再編成の問題にせよ、この二つがインドの民族語、民族文化の発展の上で持った歴史的な意義はきわめて大きい。この点は民族問題をとり扱う際に詳しく説明することにするが、インドの言語問題はこれでいっさいかたがついたわけではない。

第一に注意すべきは、独立後十数年を経てヒンディー語帝国主義といわれるような傾向が存在し始めていることである。独立後のインドの社会・文化の発展を、積極的に進めようとした会議派の指導部が、多くはヒンディー語を母語《ぼご》とする北インドの出身者であることは、あまりにも良く知られた事実である。ネルーにせよ、その後のシャーストリー首相にせよ、また、ネルーの娘であるインディラー＝ガンディー現首相にせよ、いずれもヒンディー語を母語としている。さらに、ネルーの師ともいうべきマハートマー＝ガンディーはグジャラーティー語を母語としていたが、言語の面での親近性も手伝ってヒンディー語を母語と同じように使用していた。こうした事情から、相当重要な地位にある会議派の指導者たちがヒンディー語以外のインドの諸民族語を《地方語《リージョナル＝ランゲージズ》》と呼んでいる場合がまことに多い。このようにして、ヒンディー語を上座《かみざ》に置き、他の諸言語を下座《しもざ》に置くという考え方がおのずと一般化してくる。これではたまらないと、南インドを中心にしてヒンディー語の強制に反対する動きが出てきたのも当然であった。一九六五年一月から二月にかけて南インドのマドラース州（タミル語）にはヒンディー語の押しつけに反対する騒動《そうどう》が起こり、民衆は警官隊と衝突し、死者・負傷者を多数だした。これも、インドの諸言語を平等に扱う方針が会議派内部で徹底しておらず、それらの平等な発展をうながす努力が欠けていたことを示すものである。

また、言語別州再編成は一九五六年に実施された。これがあらゆる意味でのインドの発展に、大きな刺激を与えたことはいうまでもない。かつて、植民地支配を効果的に行なうために、イギリスは同一言語を使用する特定の民族を勝手に分断してきた。五六年の州再編成で、インドのモザイク状の行政区域が、言語集団の分布に応じて原則的に整理統合された。しかし、五六年の州再編にいたるまで、会議派としては、独立後、ほぼ一〇年間、この問題を単なる政策上の問題として扱い、共和国インドを成立させる基本的な政治原理として受けとめていたわけではなかった。言語州の早期実現のために、旧ボンベイ州やハイデラーバード、旧マドラース州で下からの民衆運動が激しく展開されていた事実を見落とすことはできない。一方、ボンベイ州をグジャラート州（グジャラーティー語）と、マハーラーシュトラ州（マラーティー語）に分離する課題は、会議派政府の党利党略のために一九六〇年までも引きのばされた。インド第一の商工都市ボンベイを牛耳《ぎゅうじ》っていたグジャラーティー系の大資本は、分離によりマハーラーシュトリーヤ民族の中で少数派として孤立化することを恐れ、会議派への財政的な援助を拒否する動きを見せていた。一九六〇年五月、内政・外政の両面で行き詰まりを見せていた会議派政府は、会議派の党勢力の挽回《ばんかい》をねらって、ボンベイ州を分離することに踏みきったのである。このように、一九五六年の州再編成は二つの面を持っていたことが注意されるべきであろう。

多民族的統一への歩み

ネルーに導かれた会議派および会議派政権の言語政策は、インドの多民族的な構成がいかにして共和国の政治体制の中に具体化されるか、という問題と切り離して考えることはできない。より根本的にいえば、会議派政府は、インドを作り上げているいくつかの民族が平等に発展するための諸条件をいかに確保しているか、ということである。

一九世紀の後半から今日にいたるインドの歩みは、実はインドをひとつに構成する十数個の民族の統合と団結の過程であった。この場合、十数個の民族を区分する基準は使用する言語の違いに求められる。逆にいえば十数個の言語集団に対応した数の民族が存在しているということである。この場合、民族を構成する条件としては言語、領土、歴史的伝統、文化、経済がそれぞれ同一であることが注意される。しかも、この中の条件がひとつでも欠ければ民族とはいえない。そこで、インドが多民族的な構成を軸にして、ひとつの統一体の実現のためにすでに百年近い歩みを続けてきているわけでもあり、次の諸特徴が私たちの間で明確にされておく必要がある。

第一に、言語の相違という点を除いて、インドの諸民族の領土・伝統・文化・経済はすべてを通じて共通しているということがある。インドの中のある民族は、他から決定的に区別される伝統なり経済なりを持っているのでは決してない。したがって、言語の相違という点に留意した上で、民族という表現よりは民族集団という表現を使用した方が適切であるかも知れない。つまり、ヒンドスターニー（母語はヒンディー語、以下同じ）、カシミーリー（カシミーリー語）、マラヤーリー（マラヤーラム語）といった民族集団から、現代インドの民族、つまり、多民族的な構成が成りたっている、と考えるのである。

第二に、多民族的な構成のなかで、ヒンディー語を母語とするヒンドスターニー民族集団は、人口のうえから見て全体の主要部分を成している。しかも、言語問題のところで述べたが、この民族集団はネルーのような政治指導者を出していることからも判明するように、インド国民会議派の下で展開された民族独立運動の指導的な地位を占めてきた。なお、この推移は、ネルーを初めとする会議派指導部が、ここでいうインドの多民族的な構成と展開を植民地時代に意識化していたことを必ずしも意味しない。同時にまた、植民地時代のインドに、ケララのような民族集団の中で、あるいはいくつかの民族集団を横につらぬく中で、勤労大衆を先頭とする民族解放運動が展開された歴史を否定するものでは決してない。

第三に、インドの多民族的な構造について理論的な問題を提起したのは、会議派ではなくてインド共産党であったことである。一九二〇年に、会議派は言語別の州再編成の前身《ぜんしん》ともいうべき言語州の樹立をインドの独立の要求とともに提出している。しかし、言語州の設置は、イギリスのために分断されている特定の民族集団の統合と繁栄という観点から提起されたのではなくて、形の上での連邦制国家を実現するための踏み台である、と考えられた。そこでは、多民族の全面的な解放と革命をてことする連邦制の構想はだされていなかった。一九四二年九月、すでに民族独立運動の中で出されていた言語州の設置要求を踏《ふ》まえた上で、共産党は初めて多民族国家論をインドにおける革命の問題の一環として提起した。この九月決議は民族解放運動の歴史のなかで大きな意義を持ち、ヒンドスターニー、グジャラーティーなどを含んだ十数個の「民族体」の存在がここに浮きぼりにされた。この決議は理論的な面では在来のヒンドゥーイズムーインド統一の原理という説や、手放しの「多様性の中の統一」論に打撃を与えた。また、実践的な面では南部インドの統一ケララ運動、中部インドの大アーンドラ運動などの発展の土台を用意することになったのである。

第四に注意されるべきは、現代インドの民族問題が以上のような諸特徴をもっているために、インドの政党なり指導者なりが、かなりの混乱をみずからよぎなくされたことである。独立前夜においても、独立後においても、事情は変わらない。たとえば、現代インドの民族は、本来、奴隷制ないしは封建制に対応する民族体から構成されている、という考え方がある。すでに、インド共産党の「九月決議」の中での「民族体」概念の適否《てきひ》が検討される必要があるのに、最近ソビエトの研究者が書いた『インド現代史』[1)]を見ても、現代インドを諸民族体の統一体であると把握している。この点に関する限り、マルクス主義の側といえども現代インドの民族問題の理解方法には徹底的に検討しなおされる余地があるといえよう。

会議派政権と民族問題　ところで、インド国民会議派は、独立後の政権担当という局面で、以上述べたような「民族問題」をどのように扱ってきているのであろうか。

独立後の会議派政権が直面した課題のひとつは、すでに触れたこともある藩王国の併合であった。一九四七年一一月、パキスタンへの併合を宣言していた、西部インドのジュナーガド藩王国への武力侵攻を皮切りに、翌四八年九月にはデカンのハイデラーバード藩王国の武力解放が敢行《かんこう》された。これはインドのブルジョア的な統一を目ざし、インド内に統一的な国内市場を確保しようとする、ヒンドスターニー、グジャラーティーの両民族資本家階級に導かれた一種の反封建主義闘争であった。首相としてのネルーはもちろん、当時の内務大臣と藩王国対策大臣を兼《か》ねたS・V・パテール（一八七五―一九五〇年）はそれぞれヒンドスターニー、グジャラーティーの両民族の代表的な指導者であった。藩王国の体制を打倒するためには、この二人は共通の師マハートマー＝ガンディーの教えであるアヒンサー（暴力の否定）を黙殺して前進した。そこには時代の移り変わりがはっきりと反映していた。独立の時点では、こうした事情もあり、会議派がかつて提唱した言語州の即時実施は夢にも考えられなかった。藩王国併合の陣頭に立ってきたパテールは一九四八年一一

1）　巻末の「参考文献」の項を参照のこと。

月、中部インドのナーグプルで「いま言語別の州分割を主張することはインドのナショナリズムを殺すにひとしい」と述べている。パテールのナショナリズムの中には藩王国に対する憎しみがあふれていて、その次に予定されるべき局面への見通しが否定されていた。

つづいて、一九五〇年一月に施行されたインド憲法では、中央政府と州政府の関係がこまかく規定されていたけれど、言語別州再編成の考え方は依然として導入されず、わずかに州再編への決定的な指標ともなる州言語をいくつか盛り込むだけに終わった。そこには、スィンディー語が無くて、その代わりにインド古典語で、死んだ言語であるサンスクリット語がはいっている。それから六年後、五六年一一月に州再編成法に基づいて、諸言語州が原則的にようやく実現された。この背景には、独立前から続けられてきた大衆側の言語州設置運動が独立後に一段と発展していた事情がある。同時にネルー政権の内部にも、五カ年計画を効果的に促進するために、州再編の必要性が切実に感じられるようになっていた事情もある。このような体制の整備の進行が、ネルーの理想の具体化であったことはいうまでもない。

同時に会議派政権のもとで、民族問題は五〇年代の終わりから深刻な様相《ようそう》を呈してきた。問題は実に歴史的な性格をもっているが、ヒンドスターニー、グジャラーティー、ベンガーリーといったインド諸民族の中心主義、優位性、ひとくちにいえば北インド中心主義が政治、経済の面で目だってきたことである。独立後のネルーの対外的な民族の平等論は国内での諸民族の不平等の進行、不均等の発展をくい止めることができなかった。五カ年計画の進行は、一方では資本家・地主階級と一般大衆との間の距離、また、都市と農村との間の距離を広げた。他方では、これは、各州、つまり各民族の均等発展を保証したものではなく、先進地帯と後進地帯との間の、発展の面での大きな格差を生みだしている。たとえば、中南部インドのアーンドラープラデーシ州、マッディヤープラデーシ州、東部インドのオリッサ州、アッサーム州、北西部のカシミールといった諸州は、残りの州に比べて社会発展の面での立ち遅れが認められている。さらに、文字通り民族体の発展段階にある少数民族問題に対する会議派の政策はあって無いようなものである。その結果として、ネルー時代の終わりから、ナーガーランドを初めとする少数民族による、既存の州からの分離問題が表面化してきている。

ネルーの経済思想

計画経済の実現を目ざして　同時代のインド経済の科学的な把握を目ざしたインド人経済学者の活動は、すでに一九世紀の後半に始められていた。その中で先頭に立ったのは、「国富の流出論」を打ちだしたことで有名なダーダーバーイー＝ナオロージーである。続いてベンガルには≪貧しい者の友人《ガリーブ・カ・ドースト》≫と人々から呼ばれ、悲惨な農民の生活条件の向上を提起したローメーシ＝チャンドラ＝ダット（一八四八―一九〇九年）があらわれ、マハーラーシュトラには、一国の発展はひとえに国家計画経済の成否《せいひ》にかかっているというドイツ歴史学派の影響を多分に受けた、マハーデーバ＝ゴービンド＝ラーナデー（一八四二―一九〇一年）がでている。

これらの三人が、思想家であると同時に政治家であったという点では、時代の前後は別にしてネルーと共通している。一九二〇年代の末以来、ネルーは一国の経済の計画化を政治的な場で提起し始めた。一九二九年一二月の会議派大会では、ネルーは「社会主義の哲学」を語り、「インドが自分自身の方法を発展させ、インドの貧困と不平等に終止符を打つことを求めるとすれば、インドは社会主義への方向をたどらなければならない」と呼びかけている。一九三八年、会議派議長としてスバーシ＝チャンドラ＝ボースは、計画経済の具体的な内容を作成する国家計画委員会を任命し、同時にかれはネルーが委員長に就任することを求めた。

この国家計画委員会は、第二次大戦期にネルーが長期にわたって投獄されたことにより、活動が順調に進まなかったけれど、発足してから一年半の間は活発な論議がかわされた。この委員会にはボンベイの資本家を初めとして、会議派内部の進歩派や保守派の代表が出席しており、乗合バスの感があった。それぞれの立場や理想が勝手に語られるしまつであった。ネルーとしては、大半の出席した会議派代表がネルーのお相手をつとめているのではないか、という不安感をいだいた。しかし、すべての代表は、むこう一〇年間にインドの国民所得を現在の二〇〇％から三〇〇％に引き上げるという点ではまったく一致していた。計画化《プラニング》はすでに合言葉となっていたのである。さまざまな分野からの代表と直接に意見をまじえることによって、お互いに考え方の異同を確かめることができたわけで、ネルーは「大変な勉強になった。」と述懐《じゅっかい》している。一般の政治活動の合間

インドの製鉄所風景

に、ネルーは何十回にもおよぶ委員会の本会議をほとんど一人で司会し、小委員会の事務局と非公式な打合せを持ち、討議資料を自分で作成した、といわれている。

一九四〇年九月までに、インド経済の諸問題に関して、中間報告書と最終報告書が用意された。その後、インド政庁の弾圧によってネルーは獄中の身となった。そのため、委員会の活動は中断されてしまった。したがって、せっかく、用意された個別的な草案を統一的な国家計画の中に固めることはできなかった。第二次大戦末期に、ボンベイの工業資本家は資本主義発展を目的とする、いわゆるボンベイ－プランを作成した。これは国家計画委員会の本来の活動とは、一応、別のものであったとはいえ、委員会の活動からさまざまな刺激を得ていたことは確かであった。一九四六年九月、インド国民会議派を中心に暫定的な中間政府[1]が結成されると、ネルーはただちに計画審議会を設け、同年末までに報告書を作成した。四五年八月から、四七年八月までの時期を、イギリスの政治学者は一般に「権力の移譲」の時期といういい方でとらえている。この表現の仕方は、そのまま英印双方の支配層の間の権力のやりとりという立場を反映しているわけでもあり、ここには独立前夜の大衆運動のたかまりという問題が落ちてしまっている。それはともかく、独立直後の四七年一一月に、ネルーは会議派内に経済計画委員会を設け、その議長として、翌四八年一月には報告書を提出した。この報告書を基礎にして、一九五〇年三月に五カ年計画委員会という常設機関が、内閣の中に首相を委員長として設置されたのである。ネルーは当初五カ年計画委員会にタッチしないつもりであった

1）四七年のインド独立にいたるまで暫定的な政府が英印双方の合意の上で作られた。

が、求められて委員長の職についた。現代インドの著名な統計学者P・C・マハーラノービスは、「ネルーの指揮と指導なくしては、五ヵ年計画の戦略的な諸問題の打開に、少しも進展がなかったであろう。その意味でネルーの委員長就任は大変結構な決定であった」と回想している。

ネルーを委員長とする五ヵ年計画委員会は計画経済の具体化を狙いとして一斉に活動を開始した。委員会の活動に対しては、先のマハーラノービス、ゴーカレー政治経済研究所の所長で経済史の専門家であるガードギル、国民所得論と取り組んできたデリー大学のV・K・R・V・ラーオといった人々も関与《かんよ》した。しかし、五ヵ年計画委員会は計画自体が第二次から第三次へと進むにつれて、機能面で、現実の「政治」から遊離せざるを得ない破目となった。委員会の掲げる理想が「理想論」として与党会議派から批判の対象とされるにいたった。野党の保守派からは、「左翼の巣である計画委員会」といった非難もむけられることになった。たしかに、第一次五ヵ年計画から第二次五ヵ年計画の段階にあっては、良心的な研究者が委員会の中で一定の理想を具体化する条件があり、現実の事態に積極的に対応できた。しかし、第三次計画の段階では、内外の政治的な危機状況を反映して委員会はその抱えている能力を十分に発揮しえなくなった。計画経済の実現を目ざした会議派政権が、一種の政治的な行きづまりを迎えると共に、計画委員会の活動を停滞《ていたい》させる傾向が避け難いものとなった。委員会の構想と政府の政策との離反こそ、独立後のインドの歩みの危機的な様相を端的に示すものにほかならなかったのである。

インド北部パンジャーブ州の農村

インド農村を規定したもの

ネルーはすでに一九二〇年代にインドの地主制度がもたらす罪悪をみとめていた。一九三七年、会議派はインド統治法に基づく州政府の政権担当者として農業問題と取り組む機会をもった。ネルーは『インドの発見』で次のように書いている。

「ベンガルでは、永代土地取り決め《パーマネントーセトウルメント》やその他の理由から小作人の条件はもっともひどかった。次に大地主《ザミーンダール》制の州、主としてビハールや連合州がひどく、三番目には、元来農民的な土地所有が行なわれていたが、大農園もまた発達していた州(マドラース、ボンベイ、パンジャーブなど)であった。永代土地取り決めのためにベンガルにおける効果的な改革はことごとく阻害された。ほとんど誰もがこの制度の廃止に賛成し、そして政庁の委員会ですらこれを勧告したのであったが、特権階級は依然として、変更を阻止または遅らせることに成功している。パンジャーブには幸運にも自由処分のきく未耕地があった。…しかし、総督と州知事のもつ特別の権力やおおかた地主階級で構成されている上院を別にしても、一九三五年のインド統治法の下では、この(連合州の地主)制度の廃止は不可能であった。」

ここにみられるように、「政権」を担当した会議派も、ネルーのような進歩派の立場からすれば、きわめて限られた範囲の中でしか行動できなかった。

すなわち、会議派の州政庁は一九三九年一一月に辞職するまでの間に、小作人の一定の保護をもり込んだ小作法、高利貸の活動の制限に関する法律を制定するにとどまった。会議派は、一方ではイギリス植民地主義者の行政的な圧力を中央のインド政庁からうけていた。他方、州政庁の中ではネルーの影響下にある進歩派は少数派であり、ブルジョアジーと地主から成る保守派勢力が優勢であった。

ところでインドの地税制度といえば、だれしもザミーンダーリー制度とライーヤットワーリー制度のふたつの型を指摘する。前者は一八世紀末にイギリスにより導入され、イギリスの徴税請負人《うけおいにん》としてインド人ザミーンダール[1)]を下級官吏の地位に確保するところにねらいがあった。その際、この請負人は植民地主義者によって私的な土地所有者、つまり、地主としても保証された。このもとで、耕作に従事する小作人は地主の勝手気ままな搾取の対象とされてきたのである。一方、一九世紀初めに導入された後者の場合では、徴税はイギリス植民地政府と村落共同体内の個々の耕作農民（ライーヤット）との直接的な交渉によって行なわれた。とくに私的土地所有者と認められた耕作農民とインド政庁との間に中間者を設けないこと、また地税額が永代にわたって固定されていないで一定期間ごとに改訂されること、などが特徴である。

ここで注意しておきたいのは、今述べた地税制度はあくまで地税制度であって、この制度を、そのままイ

1) もともとムガル時代の封建階級の上層で村落共同体ないしは村の長が多かった。

ソンド農村の支配的な生産関係に読みかえることはできないということである。ザミーンダーリー制度の下では一般に半封建的な寄生地主制度が独立インドにいたるまで行なわれてきたことをだれしも認めている。しかし、ライーヤットワーリー制度がもとのままインドの独立後まで続いたような誤解がしばしばみられる。ライーヤットワーリー地域の歴史的な推移をたどってみると、私的な土地所有権をイギリスによって認められた、共同体内部の封建的な上層のメンバーは地主となった。同時に大半の小作農は植民地的な搾取《さくしゅ》のために土地を失ってしまった。この土地はしだいに地主、高利貸、商人の手に集中していった。一九世紀の中頃にはじまったこの過程は、一八七〇年代以後の帝国主義の段階にはいると共に一段と激化したのである。この過程がインド封建制の根幹をなしていた村落共同体の解体と対応していたことはいうまでもない。このように、ザミーンダーリー制度もライーヤットワーリー制度もその出発点では徴税方法の面で異なっていたけれど、基本的には植民地的・半封建的な生産様式として把握される共通性をもっていた。ちなみに独立時のイギリス領インドで、両制度は、合わせて全体の面積の九五%を占めていた。

また、分割独立前におけるインドの全体の面積の四五%、全人口の二四%を占めていた藩王国内部では原則として封建的な土地所有関係が、王領地、王私有地、私的所有地の三つの形態で存在していた。たとえばハイデラーバードでは王領地《ディーワーニィー》が五九・二%、王私有地が九・八%、私的所有地が三一%の割合を占めていた。この藩王国内部でも、とくに王領地や私的所有地では時代の推移と共に階級分解が進み、一方では土地なき耕作農民を、他方では高利貸・地主を生みだすにいたっていた。いずれにしても、藩王国の中では封建的・半封建的な搾取関係が支配的であり、これを基礎にしてインド共和国とは別の独立国家をインドに樹立するという夢が第二次大戦後に作りだされた。

要するに、独立前夜の植民地インドの農村では半封建的ないしは封建的な生産関係が支配的であり、全人口の三分の二が半封建的な地主階級に属し、四分の三の農民は土地なき小作人ないしは農業労働者に属していた。ネルーを先頭とする会議派は、政治的な独立を背景にして、今述べたような状況を対象にして土地改革に乗り出した。

会議派政府の土地改革

独立後のインドの土地改革は、全インド農民組合に結集された農民大衆による農民運動のかつてない高まりと、政権を掌握した民族ブルジョアジーの反藩王国運動の高まりの中で進められることになった。当時、会議派の指導部の農業問題に対する考え方は、時の大統領プラサードに任命された、経済学者J・C・クマラッパーを委員長とする農地改革委員会の報告書に明らかにされている。一九四九年七月に発表された報告書は、農民に対するあらゆる形態の搾取の即時廃止を勧告し、耕作農民に対する土地分配、中小規模の個人農場の設置と小農の土地保有を強固にするためのさまざまなタイプの農業生産者協同組合の設置を求めていた。また、委員会は地主型の資本家農場を設置することに反対した。しかも、報告書は、

「特定の階級が特定の階級を搾取する余地がないように政府は措置を講じるべきである。」

と勧告している。デリー大学のP・C・ジョーシー教授が指摘するように、「この報告書は独立後のインドにおけるインド国民会議派の最も急進的《ラディカル》な文書のひとつ」であった。

一九五一年一月、土地改革は北部インドのウッタループラデーシ州(前の連合州)を皮切りにいっせいに開始され、五四年までにほぼインド全域にわたって施行された。その特徴としてはザミーンダーリー制の廃止を筆頭にして地主的土地所有、わけても中間的な不耕作地主層に決定的な打撃が加えられた点が指摘される。その結果、二四万人以上の小作農が土地所有権を得たといわれる。その反面、土地改革は地主の自家耕作を認め、家族の成員数に応じて保留地を認めたため、地主側は合法的に旧来の所有地を自己の手中にそのまま残すことができた。また、無権利の小作農は地主による土地取り上げの犠牲者となり分益小作農[1)]または村の臨時雇いの労務者に落ちこんでいった。土地改革では当初から有償保証、つまり、地主の自己耕作地以外の土地を地主から州政府が買い上げ、耕作者に売る方針をとっていた。その実行に当たって州政府が地主への支払い額を負担したため、州財政は窮地《きゅうち》にしばしば落ち入った。また、五九年の会議派の大会では実際的な効果をねらって、土地所有面積の最高限度を法的に規制することが決議されている。

会議派の土地改革は、藩王家の政治的活動を支える経済的な基盤に対しても適用された。たしかに王私有地に対して制限が加えられ、ザミーンダーリー地域またはライーヤットワーリー地域での土地改革の方式が導入された。しかし、藩王に対しては内帑金《ないど》が損害の埋め合わせとして年々支払われることになった。

1) 収穫物を地主と折半する小作の一形態。

右　苗たばをはこぶケララの婦人たち
下　日本式農業を採用して田植えをするケララ農民

ネルー政権の下における土地改革は、当初のクマラッパー報告にみられるように革命的な理念をもって進められるはずであった。しかし、その後の事態は藩王国にみられる封建制を打倒しながらも、インド農村の半封建的な諸関係を一掃することができず、きわめて憂慮すべき状態にある、といえよう。五カ年計画のもとで、さまざまな名称のプロジェクトが導入されたけれど、ほとんど成果はあがっていない。今日の食糧不足の問題をひとつとってみても、インド農村の危機的な様相を容易にうかがい知ることができるし、その根本的な原因も農村における地主制度の存在に求められることも容易に理解されよう。

もちろん、五カ年計画が進むにつれて、これらの地主階級は、土地改革によって成り上がった富農層とともに、資本家的な経営への傾斜《けいしゃ》を一部ではみせている。しかし、圧倒的な多数の土地なき農民が半封建的な搾取をうけている事態にはほとんど変わりがなく、逆に農民の生活条件は前より悪化してきている。その意味で、会議派の土地改革の限界はようやく重大な政治問題と化しつつある。

社会主義型社会の建設

ネルー自身、インドの貧困を救う唯一の方策として考えていたことは、インドが植民地的な地位を克服して工業国家としての道を歩むべきことにあった。そのために経済への計画性の導入が、独立前から会議派の中で論議されており、独立後、その面での具体化は土地改革が始まった五一年の四月から第一次五カ年計画の開始をもって第一歩をしるした。一九五五年一月、会議派第六〇回大会は有名な社会主義型社会《ソーシアリスティックーパターンーオブーソサイティー》の決議を行ない、インドの進むべき方向が「社会主義」にあることを打ち出した。こうした決議が出された背景には、会議派政権の内政と外政がかなり好調子に進んでおり、インドの動向が国際的にも注目されていたことがある。ここで提起された社会主義型社会の構想は、本来的な意義での社会主義国家とは決定的に違っていた。ネルーを初めとする会議派内部の進歩勢力はインドの工業化をてことする「平等」な社会の建設に主要な関心を払い、その中で社会正義ともいうべき理念を貫くところにあった。こうした社会主義論は、その後も形をかえて会議派指導者の間で論議されたけれど、概して、その基本理念は社会正義の具体化というところにあった。この構想や五カ年計画の進行をとりあげて、一部の人々はネルーを社会主義者に仕立ててみたり、インド型社会主義の妥当性を主張したりした。これでは社会主義の概念を混乱させただけの話であり、ネルーを初めとして、インドの勤労大衆にとってまことに迷惑なことであったにちがいない。

ネルーとしてはあくまで民族的指導者として可能な条件の中で自分の理想を具体化しようと努力したまでである。とくに、会議派指導部の間の進歩派と保守派の厳しい対立関係は、独立前夜から進んでいた事情もあり、ようやく、進歩派が政治的・経済的な指導権を一九五〇年代にはいって会議派大会の席上で確立したまでの話であった。

ここで社会主義型社会を導き出すために採用された五ヵ年計画に関して二、三の問題点を指摘しておきたい。

第一に、公企業部門と私企業部門を区別しながらも、重工業建設が前者に集中し、軽工業部門が後者に集中しているのでは決してない、という点である。すでに第三次計画（一九六六年三月完了）を経過するまでに、公企業部門の役割がようやく明確となり、とどのつまり、この部門は私企業部門、つまり、民間の大資本の全面的な発展を補強するための役割を担《にな》っていたことが明らかになっている。ただ注意を必要とすることは、独立後、五ヵ年計画を遂行する過程でインド資本主義は外国資本に依存しつつ紡績業を中心とする消費財生産部門に加えて生産財生産部門、平たくいえば工作機械を生産する工業部門を確立することによって擬制的な産業資本主義段階への端緒《たんちょ》を切り開いたことである。その意味では植民地インドでは想像もつかない進歩が独立後にみられた。ビールの栓《せんぬ》抜きひとつ生産することができないといわれる一般の植民地・半植民地の経済とはまったく異なった、インド経済の歩みがそこにあったのである。

第二に、たしかに五ヵ年計画のもとで電力、化学、鉄鋼の各生産面で著しい発展がみられたけれど、これらの重要産業がいっさい国家管理、つまり、国有化されていないことである。たとえば、グジャラーティーブルジョアジーのチャンピオン、ターター資本はすでに植民地時代に、紡績工業から製鉄工業まで活動分野を拡大していた。五ヵ年計画の遂行過程で、ターターのような大資本は何ら後退することなく、自己の資本拡大のための絶好の機会を得ている。独立以前、ネルーがターター資本に対して格別の関心と好意を寄せていたことは事実である。イギリスの買弁《ばいべん》的商人として出発したターター資本は、帝国主義段階にはいると共に、インド国民会議派に指導される民族独立運動を支援する民族資本の代表と変わった。ターターにとって、五ヵ年計画は自己資本の拡大の機会を与えこそすれ、何らかの妨害を与えるものでは決してなかった。

第三に注意すべきことは、五ヵ年計画と外国資本との関係である。インドの独立が政治的独立と特にいわれる理由としては、独立後のインドが植民地時代からのイギリス資本――大半が消費財生産部門に集中していた――の広範囲にわたる搾取活動を是認《ぜにん》し

バークラダム水力発電所の始動スイッチを押すネルー

ていることである。すでに一九四八年二月、会議派政府は新しいインドが外国資本の投下を認めることも明らかにし、また、この頃、ネルー個人としても、同じ意味のことを繰り返している。イギリス資本による諸企業の活動を是認した上に、新たな資本投下を求める態度は、新しく生まれた民族ブルジョアジー政権の経済的な基盤が、いかに弱いものであったかを証明している。もちろん、初めは、外国資本は会議派政府の急進的な立場を警戒し、インド国内のさまざまな不安定な要因や状況を考慮して、なかなか積極的に乗りだしてこなかった。また、五カ年計画が進行する中で、外資が乗り出して来ても、第二次大戦後の全世界的な植民地体制の崩壊と帝国主義国の側の一歩後退を認めた上で、個別資本というよりは政府機関を通じて進出する形をとるにいたった。一九六〇年代、より正確には第三次五カ年計画(六一年四月以後)の段階から、アメリカ資本のインド進出はめざましく、この局面は今日もなお続いている。

ネルー政権の掲げた社会主義型社会は、今述べた問題点からも判るように、社会主義とは無関係のものであった。この点を明確にしておいた上で、もう一度、ネルーの考え方を最も新しい局面におけるインド経済の動向の中でとりあげて置く必要がある。

ネルーの立場をゆるがしたもの

インドを含め、アジア・アフリカの新興諸国の動向をとらえる場合に、政権担当者の言動を追うだけでは、現実を理解することにはならない、と一般に考えられている。単に政府指導者の発言だけを追っていても、一国の政治や経済が思いもよらぬ方向にすべり込んで行く場合がごく普通であるからである。

ネルーにしても、個人としては、さまざまな封建的な要因や前近代的な状況に対して徹底的に批判をする気構えが存在していた。ネルーとしては真に革命的な土地改革の構想を作らせたり、インドの工業化を精力的に提起していた。しかし、だれが、いかなる方法で推進するのか、という点では大きな問題を常に残していた。土地改革といった経済的な問題をひとつとってみても、その政治的、社会的な衝撃は計り知れないものがある。その意味では、ネルーが理想に忠実であればあるほど、それにかかわる錯綜《さくそう》した現実のクモの巣に、みずからをからみつかせる結果になった。

かつて、ダーダーバーイーが国富流出論を、またM・G・ラーナデーが計画経済の導入を提起したような形では、ネルーはその同時代の要求を満たす「古典的な」経済思想を打ち出していない。あえてネルーの活動に見られた経済思想の特徴を指摘するとすれば、藩王国の打倒に示される反封建主義思想を見落としてはならない。しかし、この活動は半封建的な諸関係を一掃するという意味での反封建主義闘争にまで進むことができなかった。つまり、会議派政府によりインドの工業化を進めるために、その障害となる封建的な要素を一掃するところに重点が置かれていた。これは限定された意味での革命的な事業であった。しかし、地主制度をゆさぶるまでに反封建主義闘争を進めることは、もはや、ネルーを支えている会議派政権の自殺行為を意味するものでしかない。ネルーとしては確かに地主制度の害悪について再三再四批判を提起したけれども、勤労農民の全面的な解放という問題観に直接結合していたわけでは決してなかった。この双方の間には立場の相違が確かに存在している。この相違を念頭においた上で、ネルーの立場を内側からくずして行った要因を考えてみることにしたい。

まず、注意すべきことは勤労大衆の側からするネルー批判である。別のいい方をすればこの問題は、第一次大戦以降における反会議派的な勢力の思想と行動をいかに位置づけるか、ということでもある。第一次大戦を前後に区分する大きな指標としては、大戦後における社会主義運動の展開をだれしも認めるであろう。とくに一九二五年十二月にインド共産党が組織され、北部、東部、西部の諸地方で大衆の組織化が進行していった。労働運動の面では二〇年代初めに全インド的な労働組合が発足していた。また、州のレベルで、キサーン－サバーと呼ばれる農民組合が組織されている。一九三〇年代にはいって農民運動はようやく全インド的な規模での組織作りを完了する。一九三六年四月、ラクナウーで全インド農民組合（All-India Kisan Sabha）が発足したのである。こうしたなかで、農民の反帝国主義、反封建主義の運動は三〇年代の後半以後のインド政治を規定する重要な勢力となった。この運動のなかから、ラーフル＝サーンクリットヤーヤナ（一八九三－一九六三年）のような卓越《たくえつ》した農民解放思想家が登場している。一九三八年、ラーフルは次のように考えている。

「インドの内外を見聞したのち、わたくしの苦痛の経験はさらに深まった。わたくしはインドのような貧困をどこにも見なかった。マルクス主義を学んだことが、革命を行なう力は労働者《マズドゥール》と農民《キサーン》にあることを証明した。なぜなら、かれらこそすべての苦痛に耐えなければならないし、かれらは闘争によって打撃を受ける財貨を持たないからである。」

ラーフルの生涯はインド農民解放運動に捧げられた。この人は英語ではなくて民族語のひとつであるヒンディー語でインドの政治・歴史・思想に関する数えきれないほどの著作を残している。マルクス主義思想を導きの星とした、ラーフルを初めとする多くの革命的な人間像は、ネルーやガンディーの栄光の影にかくれてしまっている。しかし、今日、一九二〇年代以降のインドの歩みをわたくしたちが歴史的に位置づけるとすれば、もはや、こうした人々の動きを無視して通り抜けることは許されないであろう。農民解放運動は第二次大戦を経て、独立後のインドに絶え間なく続けられていった。ここに見いだされる経済思想は、徹底的な反帝国主義と反封建主義の行動に支えられていたのである。

独立前夜、一九四七年五月に、会議派保守派の巨頭ともいうべきS・V・パテールは、共産党の指導下の全インド労働組合会議(All-India Trade Union Congress)に対抗して労資協調をモットーとするインド国民労働組合会議(Indian National Trade Union Congress)を発足させた。第二次大戦期に莫大《ばくだい》な資本蓄積を行なった資本家階級は自己の意のままになる労働組合を作るほどの実力を積み上げていた。今日、この組合は百万の組合員を擁《よう》し、インド国民会議派の有力な支柱となっている。これに対し、全インド労働組合会議の勢力は五〇万であり、しかも、共産党自体の分裂(一九六四年)を反映して、その組合活動は一種の停滞期にはいっている。それはさて置き、会議派内部の進歩派の先頭に立ったネルーは、かつて全インド労働組合会議の議長をつとめたことさえある。しかし、独立後の会議派政権は、全インド労働組合会議を敵にまわし、自己の意のままになるはずの、自家製の労働組合を抱え、労働協調路線をとらせている。ネルーの進歩的な思想と行動は、好むと好まざるとを問わず、会議派組織の中では保守派の張りめぐらした軌道の上を進んで行かざるを得なかった。したがって、たまたま、わずかの進歩的な勢力を会議派組織の中で結集する条件を得たとしても、また、ネルー個人の資質に由来《ゆらい》する人間的な魅力を基礎にして新しい方向を打ちだしえたにしても、みずから考えるところを一貫して実践して行くことはきわめて困難であった。逆説的に聞こえるけれど、ネルーの立場を掘りくずしていったのは、ネルーが生涯離れることのなかった会議派と会議派政権であったのである。

ネルーの政治思想

スペイン革命の民衆と共に

ネルーは自伝の中で、「中国、アビシニア、スペイン、中欧、インドその他の国における政治的、経済的なそれぞれの問題はひとつの事柄のさまざまな側面であり、同じ世界問題であると考えるにいたった。」と述べている。

ネルーがこのような認識に到達する前に、一九三〇年代の国際政治は深刻な局面を経験しなければならなかった。一九三六年二月、人民戦線政府がフランスと並んでスペインに成立すると、同年七月にはフランコを首領とするファシスト側の反乱が発生した。およそ三年間にわたって、世界史の上でよく知られているスペイン戦争の火蓋《ひぶた》が切られた。一方、「生涯編」で述べたように東アジアでは、一九三一年以来、日本の中国に対する侵略は満洲事変、上海事変をへて一層拡大された。一九三七年七月には日中戦争（当時、日本は支《し》那《な》事《じ》変《へん》と呼んでいた）の開始という重大な段階に突入しており、中国の民族解放運動は新しい局面を迎えていた。

一九三八年六月、ネルーは政府軍（人民戦線派）とフランコ軍が互いにしのぎをけずっているスペインを訪れた。そこで、ネルーはフランコ軍と戦っている政府軍のようすをおよそ次のように描いている。

——バルセローナでは、この戦争はいつも侵略と呼ばれていて内乱とは呼ばれていなかった。共和国政府は志願者がこの戦争に参加することにむしろ水をいれていた。というのは、政府の目的は外来者であるドイツ人、イタリア人、ムーア人によるスペインの侵略に対抗しているのであり、政府軍は、外国分子が援助を与えているにすぎない内乱で戦っているのではないことを証明するところにあったからである。また、わたくしたちはモデストとリスターという政府軍指揮官に会見しようとした。もともと、二人とも民間人で、モデストは洋服屋でリスターは大工であった。対フランコ戦のために召集がきたとき、二人は喜んで応じて二年以内に頭角《とうかく》をあらわした。わたくしたちがスペインを訪れたとき、かれらは何千という将兵を指揮し輝かしい記録を打ちたてていた。

——国際義勇軍は広い地域に散開していて、わたくしたちには各大隊を訪れる時間がなかったけれど、アメリカとイギリスの大隊を訪れる機会に恵まれた。かれらは志願兵として時代を通じて男や女を動かしてきている目的に奉仕するという不思議な魅力にひかれて遙《はる》かなる国からやって来たのである。かれらは家族や家庭、職務や娯楽を棄てて、危険がいつもつきまとい、死がしばしばやってくる、このつらい生活を進んで選んだのであった。かれらが打ち興じている姿を見て、わたくしの心には過去二年にわたる戦闘や、不幸と災害に見舞われた恐るべき期間での義勇軍の誇るべき記録が思いおこされた。かれらは何回ともなく共和国を救い、数千名を数える人たちはスペインの地に生命を投げだしたのである。

――共和国政府の外相デル＝ヴァーヨは政府軍の士気については心配していなかった。むしろ、武器と食糧の供給について心配していた。この点に関して、政府側はイギリスとフランスの支援に期待をかけていたが、両政府とも不干渉政策の名のもとに共和国側を見殺しにしている。デル＝ヴァーヨはわたくしの前でフランコを非難するようなことをしなかった。デル＝ヴァーヨは、フランコをスペインの真の敵であり侵略者であるナチスとファシストの道具である、と軽く規定していた。ドイツとイタリアについてもきびしい態度をとっていなかった。しかしながら、友好に名を借りて共和国スペインを殺害するために悪質なことをしているイギリス、フランスの両政府を口にするとき、デル＝ヴァーヨは突如として攻撃的となり、イギリスのチェンバレン政府に対して特に激しい敵意をもっていた。デル＝ヴァーヨはフランスがダウニング街[1]に左右されていると考えていたからである。

この戦争に関連してネルーはユダヤ系のドイツ人劇作家エルンスト＝トラー（一八九三―一九三九年）の勇敢な、しかし悲痛な生涯に賛辞《さんじ》を寄せている。――わたくしは一二年前にブラッセル（ここで反帝国主義同盟の大会が開かれた）でトラーに会った。しばらく前にトラーは、ドイツ社会民主共和国が五年間も閉じ込めていた刑務所から出てきたばかりであった。かれの二枚目らしく、青年らしい、そして傷つきやすい顔には例の獄中生活の刻印がおされ、悲哀のしわざがよぎっていた。だが生存への執念、活動への執念《しゅうねん》がいまだに失われず、トラーはみずからたいせつだと考えた目的のための活動に対する活力と愛情にあふれていた。

1）　ロンドンの金融の中心地。

一九三八年の夏、イギリスとフランスで何回となく顔をあわせた。ミュンヘンとチェコスロバキアの裏切りはトラーの心に手痛い打撃を与えた。しかし、スペインのためにトラーはつもりつもった悲しみを忘れて熱狂的に努力した。さし迫って食糧が必要とされた。なぜなら、スペインは単にスペインではなくて反動と残《ざん》虐《ぎゃく》な暴力の野蛮な一味との死を賭《か》けた闘争に閉じこめられた新世界であったから。悲しいかな、冬を越さなかった、その新しいスペインは、スペインにお世辞を呈し、民主主義と自由について無駄口をたたいた者により殺害された。最後の望みが消えて失意のなかに死んだトラー。ファシズムの世界はトラーの多感なりし精神にとって残酷すぎ、トラーの機微《きび》にゆれる性格にとって荒々しすぎた。だがトラーを破滅させたのは偽りの約束と裏切りと背信行為の挙《きょ》に出た民主主義的なイギリスと民主主義的なフランスであった——。

ネルーのスペイン革命論（「中国・スペインと第二次大戦」に収めてある）はネルー自身の数多い文章の中で最も熱情のこもったものの一つである。すでに紹介した中国訪問の場合と同様、ネルーの被抑圧民族と被抑圧民衆に対する強い連帯感と連帯行動をだれしも容易に読みとることができるであろう。

ソビエト論とマルクス主義

すでに述べたように、ネルーは一九二七年にソビエトを訪問している。そこで、ネルーは社会主義建設を進めているソビエト国家の息吹を直接感じとることができた。また、ソビエト訪問の後、ネルーのマルクス主義についての議論が政治の場で数多くなされるようになった。

ネルーはソビエトの権力構造の特質を次のように展開している。ソビエト制度の特長は、特定の社会が種種の経済的利益をもつさまざまな社会集団ないしは階級から成るという事実を承認するところにある。歴史の長い発展過程はこれらの社会集団とか階級の間の衝突として理解される。ここに歴史の経済的な解釈、つまり、史的唯物論が存在するにいたる。革命前夜において、ソビエトは労働者階級のみを代表した。これに兵士と農民が参加する。もっとも、農民には労働者と同じ比率で代表を選び出す権利がない。というのは労働者がロシアでは一層進歩的な集団であるとみなされていたからである。この新しい権力への参加の支配原理は次のような点にあった。すなわち、社会の発展に必要で、かつ有用である集団あるいは階級は権力への参加を認められ、もっとも進歩的な分子がその活動力と社会的な重要度に応じて勢力を振う機会をもつべきである。この権力を分有するかどうかの決定権は全ロシアーソビエト大会に帰属《きぞく》する。ここに、プロレタリアート[1)]独裁が行なわれることになる。それは大衆の総意を代表する先進的な階級意識を持ち、かつ鍛練《たんれん》された集団の独裁を意味する。

この制度の特長は大衆の代表選出の方法にある。ブルジョア諸国で普通に行なわれているところの個人を単位とする領域的、地理的な選挙区が採用されていない。そこでは経済的な単位、たとえば、労働組合とか協同組合に基づいて代議員が選ばれる。また農村ソビエトは農民の中核をなしている。そこでは大多数の代議員を共産主義者でないものが占めるが、若干の共産主義者が常に出席していて影響力は大きい。

ところで、革命の初期にあっては農民と共産主義者は互いに孤立していた。しかし、農民の支援がなくて

1) 労働者階級のこと。プロレタリアは個別的な無産者または労働者を意味する。

は共産主義の敗北もまた必然的であり、この両者の間にレーニン1)（一八七〇―一九二四年）は橋をかけることに成功した。外国援助を頼りとする反革命勢力のために発生した国内戦は農民にとって試練の時代であった。長い苦労をかけて獲得した自分たちの土地を再び失うのを恐れ、農民はソビエト政府のもとに結集した。この国内戦で政府が勝利したのも主として農民の支援があったからである。革命後に都市と農村に多くのコミューンが生まれたが、農村の場合、これはアルテリにとって代わった。アルテリとは資金をプールし、土地の協同耕作に従事する農民組合のことである。その後に集団農場の方式が採用される。これらの集団的な耕作方法の大きな利点は個人経営を行なう農民の手のとどかない機械、トラクターを使用できるところにある。そういう次第《しだい》で「現代のロシアにおいてはトラクターは神に近い存在である」ことになる。

このほか、ネルーの問題関心は少数民族の問題、ソビエト制度と憲法、刑法、および婦人問題にむけられている。「史上、もっとも壮大な実験を開始した国」という評価をネルーがくだしているように、インドと多少とも似かよった社会的条件をもつロシアは革命後に急速に諸問題を解決する方向に第一歩を踏みだしていた。ネルーのソビエトに対する親近感は一九二七年のソビエト訪問を転機にして一段と強まっていった。この親近感は独立後も変わらず、インド政府とソビエト政府とのレベルで、友好関係が増進されることになった。

それではネルーのソビエト観はネルーのマルクス主義ないしは共産主義に対する態度とどのように結びつ

1) ロシアの革命家。帝国主義時代に対決するマルクス主義理論を発展させ、史上初めて、ロシアに社会主義革命を成功させた。

いているのであろうか。また、インド共産党に対して、ネルーはいかなる考えを持っていたのであろうか。

一九三三年一二月、ある記者会見の席上でネルーは次のように発言している。

「わたくしの確信として、今日の世界が余儀なくされている選択は、基本的に、ある形態の共産主義と、ある形態のファシズムとの間のどちらかである。わたくしとしては、挙げて前者、つまり、共産主義を選ぶであろう。中間の道というものは存在せず、わたくしは共産主義理念を選ぶものである。この理念への方法や接近については、わたくしは筋金《すじがね》入りの共産主義者が行なってきた、すべてのことに同意するものではない。これらの方法は変化する状況に適合させなければならず、さまざまな国でおそらく異なるものである、とわたくしは考える。しかし、共産主義の基礎的なイデオロギーと歴史の科学的な解釈は健全なものである、とわたくしは考えている。」

この言葉からも明らかなように、植民地段階においては、ネルーは共産主義の理念または理想に対して強い関心と共感をいだいていた。しかし共産主義の手段と方法には第二義的な意義を与えていた。一九二七年以後、この人類社会の理想としての共産主義を数多く問題にするようになりながらも、その方法自体に対しては一貫して批判的な態度をとっていた。いいかえれば階級闘争そのものに対する疑惑がネルーをとらえていたのであろう。こうした立場はネルーのソビエトに対する親近感とどのように結びつくのであろうか。ネルーのソビエト論なり、その後の態度を見ていると、ネルーはソビエトの革命そのものよりは社会主義国家全体の発展という点に主要な関心があった。つまり、生々しい革命闘争の過程というよりは民族闘争の帰結《きけつ》に関心があった。新しいソビエト政府の歩みを画期的な民族国家の発展という角度からとらえていた。

独立後、会議派政府はインド共産党に対してさまざまな抑圧政策をとった。政権を担当したネルーは一度ならず、マルクス主義が時代遅れのものとなり、共産主義がインドの具体的な状況に適合するものではないことを主張している。一九五四年一一月に開かれた国土開発審議会の席上で行なった講演がその一例である。すでに共産主義の手段なり方法なりを非難していたネルーは、独立後の段階では、その理念をも否定しかねないまでになった。より正確にいえば、共産主義の方法なり手段なりに対して疑問をだしていたネルーが、理念の否定を行なわざるをえない政治的なメカニズムの頂点に置かれた。ネルーのインド共産主義者に対する態度は、前にも述べたが第二次大戦期に大きな変化を見せる。共産党は反ファシズム人民戦争の段階でイギリス側の戦争遂行に手をかすことになった。これに対して、ネルーは共産主義者は「民族運動の裏切り者」であると規定し、以来、インド共産党に対しては実にきびしい点数を与えてきている。一九五四年一一月にニューデリーで開かれた大衆集会で、

「かれらは生まれた土地に停泊地を持たない。しかし、いつも激励と指導を外部の国々に求めている」と述べ、「彼らは長い間にわたってインドの非同盟外交を帝国主義の反映として反対してきたが、ソビエトがこれを承認するとかれらもまた評価し始めた。」と結んでいる。インドのマルクス主義者といえども常に正しい路線を展開してきたのではないのであろうし、多くのまちがいをしてきたのであろう。この問題を深く追うことは、ここではできない。ただ注意すべきことは、ネルー個人としてはソビエトへの親近感を固定させ

インドの国会議事堂

たまま、インドの共産主義者に対する批判を中心にして共産主義理論の全体に対する批判を独立後のインドで一気に高めてきたことである。この辺の関係をおさえておかないと、ネルーがあたかも社会主義者である、というような議論が安易に行なわれることになる。事実、こうした考え方はネルーの平和外交が世界の脚光を浴びていた頃に広く流行していたのである。

民主主義論と民族独立思想

インドの首都ニューデリーには、その偉容を誇る建築物がきわめて多い。なかでも、円状型のきわ立つ建物はイギリス時代のものであるとはいえ独立後のインドの中央議会となり、ここにインド議会制度の中枢である参議院《ラージャーサバー》と衆議院《ロークサバー》がおかれている。

ネルーの民主主義論には、植民地時代の民族独立運動を進めている時期に基本的な方向がうちだされていた。ネルーの民主主義論の中で一番重要な位置を占めているものに民族独立の考え方がある。ネルーにとって民族独立こそがインド民衆の基本的な課題であり、広く民主主義思想が民族独立の思想によって裏づけられているところに特徴がある。さらにいえば、ネルーはマルクス主義といえども、民族独立の理念と重なり合う部分で受け止めていたのであった。したがって、インドが植民地的状態におかれているという現状認識から、ありとあらゆる理想と理念は出発せざるを得なかった。いきなり、民主主義の内容や概念は何か、といった、議論のための議論は植民地インドで発生する余地がなかったのである。

イギリスの植民地主義者・帝国主義者にとってインド民族は支配されるべき「もの」であっても「人間」ではなかった。現に、帝国主義支配が始められた頃、イギリス人政治家の間には、インドという地理的な単位、地理的な名称はあっても、インド民族は存在しない、という驚くべき議論があたりまえのように行なわれていた。一九世紀末から二〇世紀にかけて、民族独立運動がとくにインドのスワラージを明確に打ち出したことは前に論じた。将来の独立インドの具体的な政治形態《けいたい》を民主主義的な連邦制国家として確定したのは革命的デモクラットのティラクである。この連邦制の要求はティラクの死後にインド国民会議派の政治綱領のなかに具体化された。イギリス側も、一方では、インド民族の側からだされた独立の要求を見殺しにしながら、他方ではなしくずし的に「民主主義」体制を導入せざるを得なかった。インド政庁とその下の州政庁の議員構成の中に一握りのインド人議員の選出を認めることになり、一九三五年法の施行段階では、州自治政庁の導入を契機として連邦計画を政治の日程に乗せるにいたった。この連邦計画は藩王国の側がボイコットしたので流れてしまった。いずれにしても、植民地時代のインドにおいては、インド民衆の自治がイギリス側によって部分的に承認されたかのように見えながら、主権在民の思想を軸とする民主主義が保証すべきいっさいの権利が否定されていた。ネルーが一九三五年の統治法を奴隷憲章と規定したのは有名な話である。一九三七年の会議派州政庁の結成は、ネルーとしては、あくまで会議派の選挙方針の決定にしたがって行なったものであった。植民地インドでは、言論・集会の自由はもとより、人間らしい生活をする権利もいっさい否定されていた。植民地インドの警察機構や裁判機構を含めた支配機構を歴史的に明確にすることは、今日もっとも切実に要求されている研究課題のひとつである。

インドの政治的な独立は、インド民衆の求める民主主義のあらゆる側面を実現したことを意味するであろうか。独立後の民主主義を全面的に検討することは、ここでの目的ではない。しかし、その特徴や問題点を手短かに指摘しておくことはネルーの政治思想を論ずる上で必要であろう。

まず注意されるべきことは普通選挙権の導入をてことする議会制民主主義の確立がネルーを先頭とする会議派政権により行なわれたことである。中央議会の衆議院議員と州政府議員という代表をえらぶ、成人男女の選挙権は独立後すでに三回にわたる総選挙を通じて行使されている。これを規定したインド憲法はインド史にかつて無い、新しい民衆の権利と義務を確立する英知の到達点を意味するものであった。形の上から見れば、戦後の日本とインドは同じ歩みをしている、といえよう。日本の場合、婦人の選挙権が認められたのは、戦後の新憲法（一九四七年施行）においてである。かつての植民地インドにおいて、宗教、社会的な身分、財産、収入などで差別をつけられた選挙人と議員の限定的な資格は、ここに完全に撤廃されてしまった。ネルーとしては、大衆の直接的な政治参加が時代の要求であることを適切に把握していたのであった。

この議会制民主主義の確立は一九五〇年のインド憲法の施行を頂点にしており、その前提にはインド藩王国の廃止問題があり、その一応の仕上げとしては言語別州再編成の問題がある。藩王国の廃止問題は前に言語問題と民族問題をとりあげた際に論じたところであるが、なによりも、あらゆる意味で政治的反動の拠点としての藩主国支配に終止符を打ったことは、インドの民主主義理念と制度の発展の上で決定的な意義をもった。イギリス領インドの民衆が、イギリスの植民地主義者とそれにつらなるインドの封建的勢力の犠牲者であったとすれば、藩王国内部の民衆は、イギリス植民地主義者の支援を得た封建的藩王の直接的な被害者の地位におかれていた。藩王支配のもとでは、イギリス領インド以下的な弾圧政治が行なわれていた。なるほど、一部には開明《かいめい》的といわれる藩王が存在し、現実の藩王国の歴

ケララ州誕生を喜ぶケララの人々

史とは無関係な資料学的「学問」を発展させ、科学教育とは別の、職人養成を目ざすカレッジを作り、社会の「向上」につくしたといわれている。しかし、この一例をもって藩王政治ないしは藩王国体制の全体を割り切ることは決してできない。他方、連邦制国家の一応の仕上げとしての言語別州再編成の問題にふれておきたい。独立直後の会議派政権は言語別州再編成に対しては否定的であった。まず、今述べた、新しいインドの分解要因としての藩王国の一掃こそが急務であった。結果的に見れば、会議派はまず結合した上で区分を行なったことになる。同一言語の使用を基礎とする州の再編成は、それぞれの民族の政治・文化・教育の発展の上に、ひとつの刺激をもたらすことになった。もちろん、中央政府と州政府との関係、あるいは議会議員の選挙制度については重大な問題が残されたけれど、少なくとも、藩王国の廃止から言語州の一応の実現までの過程がインドの一般民衆の間に議会制民主主義の理念を一般化したことは事実であろう。

このように、民主主義の実現という意欲と民族独立の思想と行動とはネルー自身の中では固く結合していた。しかし、独立後のインドの歩みが示す通り、ネルーの意志とは必ずしも対応しない過程が独立直後から始まっている。つまり、大衆運動と会議派内部の一部の進歩派の活動とが、あらゆる面におけるインドの独立を強化する方向に一致していた限りでは、民主主義は一定の意味や支持を持つことができた。しかし、ネルーを初めとする会議派指導部が権力機構の中で活動する限り、きわめて反民主主義的な性格をインド政治の場に投げかけることになった。この点は、会議派政権がイギリスのインド政庁の官僚・警察・軍隊をひきついだ上に、かつての植民地時代の支配機構を大幅に継承したことに示されている。と同時に、一九五九年から一九六〇年にかけての時期を転機として、会議派政権は民主主義理念を公然と否定する方向を押し出してきた。このように、ネルーの立場は、新しく政権を担当すると同時に、自己の理想の実現とそれをはばむ支配体制という冷たいメカニズム——ネルー自身、そのメカニズムの「論理」をある程度知っていた——との間を、心ならずも往復する結果となるのである。

ネルーの平和思想

第二次大戦後のインドの地位を全世界の民衆の前に明確に認識させたものはネルー外交という表現で示された一九五〇年代のインドの平和思想であった。

その第一の特徴は国際政治の場で、大国の方針とか思惑《おもわく》に関係なく、インドの立場を率直に明らかにしたところにある。たとえば、戦後の米ソ対立を基軸にして展開された冷戦のやりとりのなかで、一九四九年一〇月に成立した中華人民共和国を同年一二月にインドは承認した。五〇年三月、ネルーは議会で、中国においては共産主義者が政権を掌握したこと、またかれらが中国大陸を効果的に制圧していることを認めるものである、と述べた。これは変化を是認するとか否認するとかいった問題ではなく、歴史における主要な事件を承認し、同時にそれを処理するだけの問題である、とネルーは続けた後、結びとして、「新しい中国政府は安定した政府であり、それにとって代わる勢力は存在していないことに満足するものである。」と語っている。もともと、外交関係の樹立のイニシァチブは北京側がとったのであるが、インド側に、この提案に応じるだけの内部的な条件があったことは注意してよい。

すでに四七年八月のインド独立の前後から、ネルーおよび会議派政権の内部の進歩派は現代のアジアが変革期にあることを鋭くとらえており、オランダ・イギリスのインドネシア干渉戦争に対しては痛烈な批判を提起していた。この民族ブルジョアジー政権はネルーを初めとする進歩的な勢力の指導のもとに一連の植民地主義批判を展開したのであった。この若い会議派政権は、血と汗をもって築きあげた自分の政治的な独立を再び崩壊させてしまう危険性を、似かよった条件のもとで闘ってきた周辺民族の歩みの中に見いだしていたのである。四九年一月、ニューデリーでインドネシア共和国の擁護のための国際会議が開かれ、ネルーはオランダによるインドネシア侵略を批判し、紛争の即時解決を要求している。この会議はアジア一九ヵ国会議とも呼ばれており、インドネシア問題をめぐって国連の安全保障理事会にたいして抗議文を送っている。

ネルーと毛沢東（1955年　北京）

ネルーの平和思想の第二の特徴は大国との軍事同盟を拒否したことにある。一九五四年九月、アメリカのきも入りで「東南アジア条約機構」がマニラで発足した。インドは出席を拒否したがパキスタン、タイ、フィリピンの三国は参加した。条

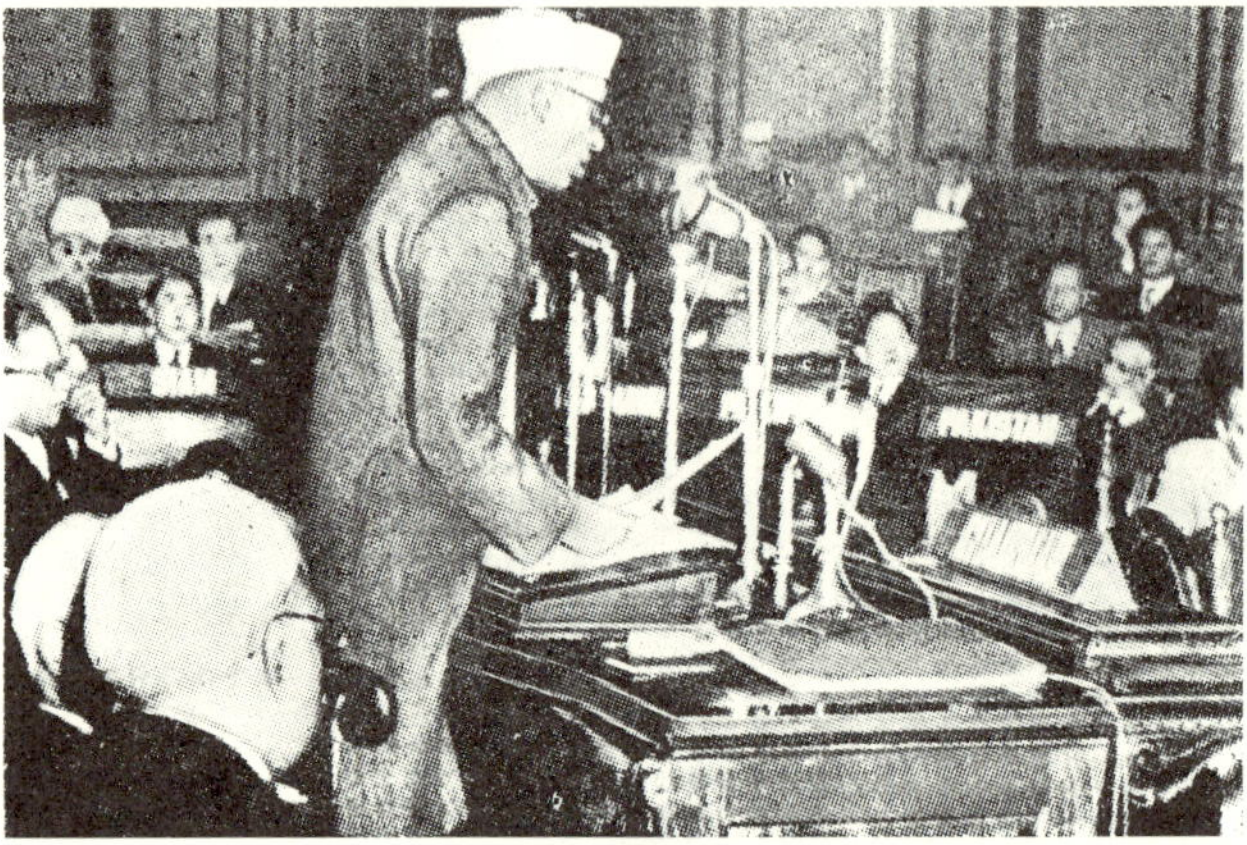

アジア19カ国会議でのネルー

約機構の成立直後、ネルーはインド議会でこれをきびしく批判し、防衛という目的のもとで結ばれた軍事同盟はしばしば攻撃の役割を演じる、と指摘し、アジアにおける緊張関係の最大要因は中華人民共和国を二、三の国々が国際社会の一員として承認していないことに求められる、としている。ネルーはインドの立場を説明して、

「わたくしたちはなぜマニラ会議に出席しなかったのか。大小のさまざまな理由はべつにして、マニラ会議への参加は非同盟という基本政策をみずから放棄することを明らかに意味するからであります。単にその会議へ参加することによって、わたくしたちが、長年、採用してきた、基本政策を断念することはしないでしょう。」

と語っている。

インドが軍事同盟に対して極度の警戒心をむけていたことは対日講和条約を支持しなかった態度にも反映している。一九五一年九月に、アメリカのサンフランシスコで、ソビエトーブロックとインドを除いて、当時、日本の民衆の間で片面講和条約と呼ばれていた対日講和条約が調印された。インド側による会議のボイコットの理由は次の三点に要約されていた。

(1)　同条約では琉球と小笠原の両諸島がアメリカの信託統治制度のもとに置かれることを規定している。インド政府としては、これらの住民が本国人（日本人）と歴史的な類縁関係をもち、日本が侵略によって他国から得たのでない、これらの地域に日本の主権が全面的に回復されるべきだと考えている。

(2)　条約ではアメリカ軍の日本駐留をあらためて確認している。つまり、講和条約と同時に調印された安全保障条約ではアメリカ軍の駐留を規定しているけれど、これは主権国家としての日本の全面的な自由の行使に基づく決定を意味していない。これは日本国民とアジアの大半の諸国民にたいしてもっとも不幸な影響をもたらすであろう。

(3)　条約には台湾の中華人民共和国への返還と南樺太・千島のロシアへの返還を規定する項目が見当たらない。インド政府の見解としては、台湾の将来を未決定のまま放置することは公正でもなければ、適切なものでもない。千島・南樺太の場合も同様である。

サンフランシスコの会議をボイコットしたインドは、翌五二年六月、日本との間に個別的な講和条約に調印した。

インド政府のこうした立場は一般に非同盟政策と呼ばれており、その背後には、大国との軍事ブロックの形成を拒否する、ネルーの平和思想が存在していた。軍事同盟が一国の主権を破壊し、その民族を不当にも従属的な地位に突き落とすことを、長年、植民地的な条件に置かれてきたインド民族とその指導者層は、いやというほど知りつくしていたのであろう。

ネルーの平和思想の第三の特徴を語らなければならない。一九五五年四月、インドネシアのバンドンでアジア―アフリカ会議が開かれた。さわやかな風が流れる高原都市バンドンの会場にはむんむんするような熱気があふれていた。この会場のロビーを肩をすぼめた日本代表はしのび足で歩きまわっていた。会議を閉じるに当たってネルーは「アジアとアフリカは目ざめる」と題する演説を行なった。ネルーは会議の目的とするところを、次のようにまとめている。まず、出席したアジア・アフリカ諸国の代表は自分たちが今日の世界で一番大事だと考える問題を持ち寄っている。しかも、自分たちの問題を解決する場合に、平和が保障されていることが何よりもたいせつである。平和の確保こそ、最大の課題として認識されるものである。次に、アジア・アフリカは今後他の国や大陸によって断じて支配されるものではないことを決意している。しかも、政治的にも、経済的にも、アジア・アフリカの発展を阻止してきた、植民地主義の絆《きずな》とアジア・アフリカが自分で作りだした絆とを断ち切ることを決意している。今日、アジア・アフリカが直面する問題を解決するのは決議なのではない。アジア・アフリカの諸民族の実践と行動のみが目的と理想に成功をもたらすものである。最後に、アジアはもはや受身の態度ではない。過去においてアジアはあまりにも受身の態度であった。もはや服従するアジアは存在しない。今日のアジアは動いており、活気に満ちている。アジアは時に誤りも犯すであろうが、活動している限り、それを気にしない。活動あるところ、前進があるのだ。

ネルーは演説の末尾で、アフリカのおかれてきた惨憺《さんたん》たる状況に触れて、

「アジア・アフリカは姉妹大陸でありますから、全能力をつくして、アフリカに支援の手をさしのべることはアジアの責務であります。」

と結んでいる。ここにはネルーの反植民地主義思想とアジアとアフリカの強い連帯思想とがくっきりと浮かびでている。

インド独立を祝う記念式典(8月15日)

ネルーの平和思想は大まかにいえば以上のような諸特徴を持っていた。平和というものが元来国際関係の積極的な要因となることはむずかしく、むしろ戦争が代わりの役をつとめてきたことは歴史の語るところである。ネルーの立場は一九六〇年代にはいると一定の変化をよぎなくされる。それでも、一九六〇年の日米安全保障条約の調印に際しては、ネルーは、一国内に外国の軍隊や軍事基地が存在することじたい、その国の政治に不安定な要因を与えることになる、と慎重な発言を記者会見で行なっている。全体として、この時のインド側のジャーナリズムの論調や知識人・学生の立場は日本の安保闘争を支持しこそすれ、当時の日本政府に対しては非常に批判的であった。ネルーの平和思想は、米ソの対立という冷戦の仕組みが変わらなかったかぎり、また反植民地主義の旗印をおろしてしまわなかったかぎり、日本を含めた世界の民衆の心をゆり動かすことができたのである。

民族独立の思想の中で

第一次大戦後のインドを一部の人々はガンディー段階のインド[1]と呼び、独立後のインドをネルーのインドとすら呼んでいる。前者の場合、ガンディーの生涯を広く現代インドの歩みとして受けとっているのであろう。また、独立インドの歩みはネルーの政治家としての力量によって押し進められたことを強調するのが後者の立場であろう。いずれの立場も、現代インドの発展をひとつの重要な角度、つまり政治家の活動という面から抑えようとしたものであり、現代インドの理解のための足場を与えてくれた。

しかし、今日わたくしたちは、このような接近方法だけに依存することが許されなくなっている。その最大の理由としては、第一次大戦後の世界的な政治の発展が、大多数の民衆の動向《どうこう》によって決定的に規定されつつある現実がある。こうした現実に即して、わたくしたちがもう一度、インドのもっとも近き過去との対話を試みようとするとき、ガンディーの動向はさておき、その動きを支えているひとつひとつの柱が現実のインドの想像以上に底深いところから出ていることを見いだすであろう。時には、ガンディーじしんを乗り越えて前進するインドの民衆と指導者の姿すら確認されるのであり、時代がさがるに従って、この動きはいよいよ激しさ、鋭さを増してくるのである。そのかぎりでは、ひたすらガンディーの姿を追いかけること自体、ほとんど意味をなさない場合も生じてくる。また、ネルーの場合も同様である。たしかに「ネルーなくしてインドを語ることはできない」ような側面が多分に独立インドの発展過程のなかに見られる。しかし、ネル

1) 英語では Gandhian Stage of India と呼んでいる。

ーなくしてインドを語ることができない、という表現じたいのなかで、ネルーのどの部分が、どのようなインドの現実とその将来に結びつき、どのようにして、だれに語るのか、というところまで、突きつめた議論は意外に少ないのである。

現代インドの思想の発展のなかで政治思想家としてのネルーを位置づける場合に、何よりもまず民族独立思想の推進者として把握することには、だれしも異論がないであろう。ネルーは、その師、ガンディーの後継者として光栄ある地位を獲得した。その意味では、ガンディーからネルーへといった表現もまちがいではないが、問題はバトンータッチの時期である。一般には一九四七年八月の独立を考えているし、場合によっては第二次世界大戦の終了時を考える立場もある。しかし、ここでは一九三〇年代の半ばを特に考えることにしたい。すなわち、第二次非暴力的抵抗運動の停止期である[1]。この時期にガンディーとネルーの交代を認めたいのは、次の理由からである。第一次大戦後に発展した勤労大衆の民族解放運動が勤労農民の全インド的な規模での組織化を完了する時点が三〇年代の半ばである。これは全インド農民組合の組織化に結合している。こうした動きに平行して、会議派の主要な活動家の間に世代交代が発生してくる。すでにロークマーンヤ＝ティラクの活動や、第一次大戦へのインドの参加を「物語り」として聞く若い世代が会議派のなかになだれ込み始める。他方では、会議派指導部のなかで、ネルーを初めとする進歩派と保守派との対立と抗争が単に思想的な次元でだけではなしに会議派の組織・運営の次元においても行なわれる段階が始まっている。

1)　一九三〇年から四年間続いたガンディーの指導した運動。

このようにネルーは民族独立思想の推進者として、現代インドの政治思想の歴史のなかに、その名を刻むことになった。しかし、同時に現代インド思想が、単にガンディーやネルーに代表される民族独立の思想によって独占されていたのでは決してないことを注意しておくべきであろう。その点を考慮しながら、わたくしたちは、ひとまず、この辺でネルーの思想の考察《こうさつ》に終止符を打たなければならない。

現代インドの課題とネルー

チベットの反乱と中印国境紛争　一九六〇年代のインド国民会議派政府は、インド社会の直面する主要な問題、たとえば、民衆生活の向上、土地改革の推進、工業生産の増強、議会制政治の打開にエネルギーを使うことよりは、インド社会の発展にとって副次《ふくじ》的な、しかも関係のない問題に余計なエネルギーをさくことになった。

何よりもまず、チベット反乱に際してとられたインド政府の態度と方針である。中華人民共和国が成立したのち、北京は当然のことながらチベットの解放に積極的に乗りだすことになった。チベットへの軍事行動の開始は革命一周年記念の一九五〇年一〇月に行なわれた。この際、中国共産党は少数民族の保護と自主的な発展の保証という立場から、一方で共産党の下に労働者・青年の組織化を進めながら、他方で専制君主ダライ=ラマを尊重する方針を打ちだした。以来一〇年近く、大小の衝突は起きたが、比較的に波立たない時が流れた。そこへ一九五九年三月のチベット反乱が発生した。ダライ=ラマは一部の特権的な貴族の挑発《ちょうはつ》にのって、中国共産党に対して公然と反旗をひるがえした。この貴族集団はラサその他の地域で反乱を起こしたのである。北京政府は人民解放軍に対して反乱を平定する命令をくだし、ダライ＝ラマは特権的な貴族に守られ、雪のヒマラヤ山脈を越えて、避難民と共にインドに亡命した。亡命者は、およそ一万三千名を数えたといわれている。当時から、ニューデリーの社交界には亡命貴族の浮かぬ顔をした姿がチラホラと見えるようになった。一方、未開の国の代名詞チベットには革命の太陽がさんさんと照りそそぎ始めた。

チベット反乱の報に接すると、ネルーは次の三点をインド衆議院で強調している。それらは、まず、インドの安全と保全の維持、第二に、中国との友好関係を維持したいという願望、および、第三にチベットの人民に対する深い同情からなっていた。一九五九年四月二七日のことである。このような、ネルーの立場は実をいうと、一九五〇年一〇月、チベットが中国の人民解放軍によって解放されたとき、すでに明らかにされていた。つまり、ネルーはインド議会で、チベットの解放をとりあげて、チベット問題が平和的に解決されること、過去四〇年間みずからを保持してきたチベットが維持されるべきこと、これらのことはチベットに対する中国の宗主権または主権をインドが否定するものではなく、インドとしては単に従来の経済的、文化的な関係の持続を願うものであること、を指摘していた。革命直後のことでもあり、中国側は、インド政府の立場に対して、チベットに対する中国の主権は変わらない、と反論したにすぎなかった。今回は状況が違っていた。その状況の中で一番注意すべきは、両国家のおかれてきた歴史的な条件を無視した比較論は無意味であるにしても、双方の間の政治的・経済的な発展の落差がほぼ一〇年の間に明確にされたことである。インドの立ち遅れは否定できない事実であった。第二に、一九五四年六月、中国とインドとの間に、すでに説明した平和五原則が確認されており、いらい中印友好関係の黄金時代が続いてきていた。

　いかにネルーが弁明しようとも、ことチベット問題に関するかぎり、インド自体が平和五原則をまっ先にほうむることになった。他国の内政にたいして干渉を行なわない、と規定した五原則のひとつがインドにより掘りくずされた。しかも、これは中国のチベットにおける主権をインドが「チベット人民の自治の維持」の名のもとに否定する立場を全世界に公表することを意味した。

「寄る年波と同情」(Age and Sympathy)と題する風刺画

　中国側がインドとの国境問題に異常な神経を用いるようになったのは、先に述べたようにチベットに対してインドの内政干渉が行なわれたことに由来するものであろう。チベット反乱いらい、中国とインドの友好関係は急速に冷却《れいきゃく》してしまった。中国はネルーを初めとして、インド政府に対して痛烈な批判を浴びせかけることになった。一九六〇年四月には、中国の周恩来外相がニューデリーを訪問したけれど、なんら打開策をみつけることはできなかった。両国間の国境画定をめぐって、マクマホン-ラインの妥当性がにわかに脚光を浴びることになった。中国側の主張によれば、マクマホン-ラインはイギリス帝国主義者が勝手に設定したものであり、歴史的にはアッサーム州の中央部を流れるブラーフマプトラ川の北岸に沿った東北辺区はもともと中国領である、とされた。また西のラッダーク地区、中部のウッタループラデーシ州の北端も中国領であると主張され、ラッダーク地区の北部にはすでに中国の舗装道路が作られていた。

これらの三地区を中心にして中印両国間の武力衝突が一九五九年の後半いらい、しきりに行なわれることになった。同時に北京とニューデリーとの間に激しい政治的なやりとりがかわされるようになった。一九六二年一〇月、中国軍とインド軍は東部のマクマホン-ラインで大規模な戦闘行為を行ない、インド軍は重大な打撃を受けた。インド大統領は非常事態宣言を行ない、インド防衛条令を施行した。一一月一四日、インド政府はアメリカとの間に米印軍事補助協定を調印し、つづいて一一月二七日にはイギリスとの間に、英印長期軍事援助協定を調印した。中印間の外交関係は最悪の事態となった。中国側はインドの拡張主義的傾向を批判するかと思えば、インド側は中国の侵略主義をたたいた。この戦闘行為は中国側の意志によって長期にわたることもなく停止された。しかし、緊張関係は残された。

中印国境紛争はさまざまな意味を現代インドと現代世界の歩みのなかに投げかけることになった。さしあたり、インド外交は従来の非同盟政策を放棄してしまい、英米側への政治的・経済的な傾斜を強めることになった。ネルー個人にしてみれば、もっとも苦難に満ちた局面を迎えることになった。ネルーが意識しようとしまいと、チベットへの干渉、ダライ＝ラマの亡命許可、中印国境衝突などの諸事件は独立インドを支えてきた一種の理想主義の崩壊を意味するものであった。この理想主義を支えてきたインド内部の現実の地盤もまた、ゆるぎはじめていたのである。中印国境紛争を通じて、この地盤の弱さが一度に表面化することになった。くしくも、この中印国境紛争はソ連と新中国との間のイデオロギー的な対立の発展と対応していた。いわゆる中ソ論争が一九六〇年代の世界をゆさぶることになった。さしあたり、ソ連側による社会主義への平和的な移行論と平和共存論の主張、および民族解放闘争におけるプロレタリアートの指導権の否定などが、中国側によりきびしく批判された。これはインド共産党にも強い衝撃を与えることになり、六四年には党はソ連派と反ソ連派とに分裂している。

ナショナリズムの中に潜む危険要素

ネルーが五九年のチベット反乱の際に行なった発言の中に、「チベットの上層反動分子だけが反乱に責任を持つという説は、複雑な状況を単純化しすぎたものである。中国筋の報道によってすら、反乱は相当な規模であることがわかる。この反乱の基礎は、上流階級の人々だけではなしに、その他の人々におよぶナショナリズムの強烈な感情に根ざしているに違いない。」という部分がある。また、一九五〇年に、チベット解放が行なわれた際、ネルーは「わたくしたちはチベットに領土的あるいは政治的な野心があるのではなくて、わたくしたちの関係は文化的なものであり商業的なものであることを、この際、明らかにして置きたい。」と述べている。

五〇年当時と比較してみて、インドと中国との間の諸関係には大きな変化があったことは前に述べた。しかし、ネルーのチベット観には、一貫して中国の主権の存在を確認しながらも、さして大きな転換がなされ

ネルーとエンクルマ

ていない。一体、ネルー個人の思想のなかには中国政府が指摘したような拡張主義的な傾向が存在していたのであろうか。中国が拡張主義者ときめつけた時、ネルーは激しい怒りを表面に出している。ここではむしろ、ネルーの平和思想を強く裏打ちしていたナショナリズムにかかわる大きな問題があることを指摘しておこう。

ネルーはみずから提起したところのナショナリズムが一般に政治の場では無制限に広がりがちだという危険性を理解しきっていなかった。そこには、独立後十数年を経て、手放しにナショナリズムを語ることをしだいに許さなくなったインド社会の現実の発展があった。植民地時代にあっては、植民地支配とか植民地主義に対抗する面で、ナショナリズムは勢い民衆の側の具体的な動きや利害を反映せざるを得ない。したがって、民族主義者は抽象的な理念を語るだけでは民衆を実際に引き回して行くことはできない。しかし、政治的な独立を曲りなりにも達成した段階では事情が違ってくる。いぜんとして経済的な面で帝国主義国との関係が断ち切られていないで、帝国主義から抑圧される条件が残るとしても、民族主義者が国家権力を掌握したかぎりにおいて、かれらは大多数の自国の民衆に対して抑圧的な関係に立つことになる。

インドの場合、一九四七年の政治的独立をきっかけにしてナショナリズムの持つ機能の分化が開始されるのである。ひとつは文字通り民族的な利益を守る方向であり、もうひとつは国家的利益、さらに厳密にいえば国家権力[1]の利益を守る方向である。好むと好まざるとにかかわらず、ネルーを初めとする進歩的な指導者たちは、国家権力の装置から脱出することなしに民族的な利益の追求を考え、かつ行動せざるを得ない局面を迎えていた。新興民族国家のみならず、高度に発展した資本主義国家においても、ナショナリズムのこうした実質的な二つの面への分裂という事態をわたくしたちは十分に考え直す必要がある。当世《とうせい》、大流行のナショナルーインタレスト論[2]も同様である。ナショナルーインタレストの旗を掲げていながら、実際には国家権力の利益追求のみに終始する場合がごくあたりまえであり、民族的利益の擁護《ようご》はしばしば見殺しにされてしまう場合が少なくない。ネルーも、チベット問題以外でナショナルーインタレスト論を一度ならず語っている。しかし、ネルーの個人的な指導者としての理想や情熱を越えて、今述べたようなメカニズムがネルーの足場をがっちりと抑えてきた事実関係から、わたくしたちは目をそらすことはできない。

ネルーがみずから苦悶せざるをえない条件がインド国内に存在していたことと、ネルーのナショナリズム論を検討することとは今述べたように不可分の関係にある。一般にナショナリズムという枠《わく》を重視する立場はそれが歴史の担《にな》い手としての民衆の具体的な要求に応じて行くものでないかぎり一種の無制限な広がりをもちがちなのである。特定の民族と社会の克服すべき課題も、継承すべき伝統も、ナショナリズムは無差別に

1) インド共和国政府をさす。
2) National interest

包みこんで行ってしまう。早い話がカースト制度を軸として成立しているヒンドゥーイズムと、勤労大衆を先頭とする独立運動や革命運動の思想と行動とが、ナショナリズムの名称のもとに、ごちゃまぜに肯定されてしまう。植民地時代にあっては、民衆の動きという面が強調されてきた関係上、ネルーとしても独立運動を中心にしてあらゆる党派を自分に引き寄せて考えざるを得なかった。しかし、独立後はよくいわれるように、ネルーはインド共産党あるいはインドの共産主義者にたいして想像以上の辛い評価を与え、時にはあからさまに憎悪に近い感情を示していた。これは、単に権力の座についたネルーのブルジョア政治家としてのひとつの側面を明らかにしただけではなしに、インドの政治的、経済的な諸問題を基本的にはナショナリズムの発展の立場から取り組もうとした民族的指導者ネルーの一歩も譲ることのできない態度表明であった。

ナショナリズムの発展の名のもとに、独立インドのさまざまな課題とネルーは取り組んできながら、実質的には、大衆行動や民衆運動を前提にして初めて、藩王国廃止も、改良的な土地改革も、言語別の州再編成も実現されたのであった。保守派指導者が多い会議派政権のなかでネルーの創意が生命を得たのは、ネルー自身、歴史を動かして行くものが大衆であることをとらえていたからであった。しかし、そのとらえ方自体は遂にナショナリズムの枠を粉砕することができなかった。そこに、ネルーの進歩性と限界が同居せざるを得ない秘密があったのである。確かに、チベットとインドの両者には文化的な面で深いつながりがあるのであろう。かつて、チベットはインドの古代文化を東アジアへ運搬して行く中継地であったし、文字や言語の面でもインドの多大な影響を受けている。しかし、ネルーは新中国との外交関係を確立した段階で、中国との間に文化交流を多面的に、しかも積極的に促進することに十分な意義を認め、かつ努力を払ったことがあるだろうか。かりに一定の努力を払ったとしても、政治と文化がきびしい緊張関係をもって展開しつつある中国革命の現実に深い思いを致したことがあるのであろうか。答は否定的である。

はからずもチベット反乱と中印国境紛争をきっかけにネルーの苦悶は一段と深まった。積み木で作られた家の土台をひとつ引き抜いた時のように、ネルーにまつわる一連の「評価」が音を立ててくずれ始めた。もちろん、これでネルーの業績がすべて無に帰したということでは決してない。むしろ、ナショナリズムとかナショナリストという角度から過大に着色されてきたネルー観がくずれ始めたのである。独立後のインドの歩みをネルーの歩みと同じに扱ってきた、インド内外に支配的であった考え方に根本的な転換を要求することになったのである。

ブーダーン運動とインドの農民

現代インドの農業農民問題に関心を寄せるひとはだれでも、アーチャールヤ＝ビノーバー＝バーベー（一八九五年〜）の土地献納《ブーダーン》運動を思いだすであろう。ビノーバージーの質素な生活と行動は多くのインド民衆の尊敬と愛情のまととなっている。ネルーも、時折、この指導者のもとを訪れてさまざまな助言を仰いだりしたことがある。特定の政党に所属しないで、警世《けいせい》家として、インドの将来を平和国家に持って行こうとしているビノーバーをマハートマー＝ガンディーの後継者と見なす人たちもいる。一九五一年いらい、ビノーバーはブーダーン運動を提唱し、地主が耕作農民に土地を与えることを呼びかけてインド各地を訪れた。

ネルー政府、より正確には農地改革委員会が提起したような革命的な土地改革構想は中央政府の次元で討議され、実施は州政府にまかされることになった。この中央政府の審議の次元から州政府の実施の次元に回されていく過程で、会議派の土地改革は骨抜きにされてしまい、全インドにわたって地主制度は今なお生き残る結果となったのである。よく指摘されているように、中央政府に比べてインドの全州政府の議員の大多数は地主階級の出身者からなっていた。したがって州政府が中央政府の土地改革の革命的性格を骨抜きにしたのは当然であった。これに関連して、ビノーバージーのブーダーン運動はどのように位置づけられるのであろうか。一九五一年、ビノーバージーは、「地主が土地をわけず、土地改革の立法化へのしかるべき雰囲気が作りだされないと、第三の選択《せんたく》は流血の革命となるだろう。わたくしの試みはこうした暴力的な発展をくい止めることにある。テレンガーナーとウッタループラデーシ州の経験からして平和的な方法が成功しうる、と確信している。」と述べている。この運動は五一年から始められ、五五年の三月までに総面積として約三七一万エーカーの土地の寄進《きしん》を地主から受けている。翌五六年には四三一万エーカー、五八年には四四〇万エーカーに達し、一九六一年一月には約四四一万エーカーとなっている。この数字が語っているように、当初、地主の土地献納は爆発的に進み一年のうちに平均して一〇〇万エーカーに達した。ところが数年後には平均して一年にやっと二万エーカーを献納させているにすぎない。ブーダーンの運動は数年後には頭打ちとなってしまったのである。ともあれ、ビノーバージーの活動舞台は中部インドのテレンガーナー地方から始まり、北部インドのビハール州、ウッタループラデーシ州でとくにいちじるしい成果をおさめている。ブーダーン運動が頭打ちとなった五五年の末に、ビノーバージーは新しい形態の運動を提起した。グラームダーン運動、つまり、村落献納運動がそれである。そこでは、ひとつの村落内のすべての土地は神のものであり、なにびとの土地でもなく、村のなかのすべての者に集団的に帰属《きぞく》する、と主張されている。もっとも、この運動によって農村の階級関係に実質的な変動がおきたわけではなかった。その上に、グラームダーン運動は、比較的に成功したブーダーン運動ほど発展しなかった。それでも、オリッサ、ケララ、マハーラーシュトラの諸州で活発に進んだ、と報告されている。

ブーダーン運動もグラームダーン運動も、対象とされた土地は大半が耕作のできない荒地であった。グラームダーン運動の場合には、時には山岳地帯や森林がまぎれこんでいたという。全インド農民組合とインド共産党は、ビノーバージーが運動を始めた時から、その構想に批判的な態度をとっていたけれど、運動の進行にたいしては友好的であった。ふたつの運動は農民の間に幻想――土地問題は階級闘争なしに解決されうるという――をふりまいたが、同時に農民大衆による政治的・社会的な活動に一定の刺激を与えた。また、農民の間に土地の再分配、私的な土地所有制の廃止、および直接生産者による協同組合の設置といった要求を提起させる有利な条件が作りだされた。簡単にいえばビノーバージーの運動は農村の生産関係に根本的な変動をもたらしはしなかったけれど、農民の意識の変革を導きだす上で、ひとつの見落とすことのできない役割を果たしてきたといえよう。

ビノーバーの目指す社会は万人の幸福を保証する、サルボーダヤの実現にある。一九五七年、ビノーバーは、「説得と愛情によって土地を入手することができないとすれば、わたくしは共産主義者に信頼をおき、かれらに従うべきである、と考える。このサルボーダヤの方法が不可能であれば、共産主義だけがわたくしの描く目的を達成することができると認められるべきである。」と書いている。村から村へ、農民と共に徒歩行進を続けていくビノーバーの姿は確かに往年《おうねん》のガンディーの活動の一端につながるものがある。そこにはネルーを初めとする会議派政権に対する素朴な批判がある。インドとインド農村の徹底的な変革を目ざす農民は、一方ではビノーバーから愛情を、他方では農民組合組織から理論をひきだしているといえよう。

台頭する保守反動勢力

チベット反乱にともなう中印国境紛争が会議派政府の行く手に暗影を投げかけた頃、インドの国内政治にも一連の注目すべき動きが表面化してきた。

五九年八月、インド国民会議派の進歩的な政策に正面から批判の声を挙げたスワタントラ（自由）党がボンベイで発足した。スワタントラ党の党首はラージャゴーパーラチャーリーで、かつてはネルーと共にマハートマー＝ガンディーのもとで活動した会議派指導者であった。かれはネルーの「社会主義計画」に反発して会議派を去っていたのであるが、中印国境紛争を機会にして政界に返り咲いたのである。スワタントラ党は会議派の内外の政策にたいして一勢に攻撃を開始した。まず、中国のチベットとインドにたいする「侵略」を取り上げ、会議派の非同盟政策を槍玉にあげた。そのねらいはネルー外交を地上に引きおろすことによって、イギリス、アメリカの陣営にインドを追い込むところにあった。イギリスやアメリカと軍事同盟を締結することがスローガンとして公然と提起された。一方、スワタントラ党は会議派政府の国内政策にも非難を加え、土地改革の推進と政府公企業部門の維持に集中的な反対論を展開した。土地改革はインドを共産主義に引き入れるものである、といった支離《しり》滅裂《めつれつ》の議論を提出すると同時に、公企業部門をいっさい民間私企業に移すべきである、という暴論を提起するにいたった。

スワタントラ党の政治勢力は、ネルーを初めとする会議派指導部の反論をものともせずに第三回総選挙の結果にもみられるように拡大する一方である。独立後のインドの政治過程の中でスワタントラ党の出現と発展をいかに位置づけるべきであろうか。

まず、政治的な独立後、十数年を経て、会議派の内外の進歩的な政策を頭から否定する政党が登場したことは、同党をもって初めてのことであった。その意味で、スワタントラ党の出現は独立後のインド政治史の分岐点をなすものであった。たしかに共産党や社会党を初め、いくつかの諸政党は、会議派に対して、個別的な問題点や政策にたいして手厳しい批判をそれぞれの立場から出してきた。しかし、会議派の外交政策とか工業化政策を正面から非難するということは今までになかったことである。くりかえしていえば、スワタントラ党の出現はインド政治に反動の時代が訪れたことを象徴していた。また、注意すべきは、この保守政党の生みの親が皮肉にも会議派政権であったことである。ネルー自身が絶対に譲歩することのできなかった理想としての議会制民主主義体制のまったただなかから、これは生まれでたのである。スワタントラ党に結集した資本家、旧藩主、地主は会議派政府の経済政策の恩恵を多分に受けてきた。会議派政府の提起した「計画経済」は大資本の発展に大きなてこ入れをした。会議派政府は藩王にたいしては藩王制を打倒した代わりに莫大な終身年金を支払うことになった。さらに、会議派政府の土地改革は地主にたいする補償金の支払いを条件にして進められたのである。これらの諸階級は会議派に経済的な特権を保障されながら、しかも会議派に弓をひくことになっているのである。

スワタントラ党の出現と並んで、他のいくつかの反動勢力が無視できない活動を始めている。ネルーの死後、インドの社会状況は全体として悪化しているが、その中でインドの多民族的な統一を妨害する二つの動きをとりあげておこう。ひとつは一九六五年一月、ヒンディー語[1]の公用語化に反対して南インドで暴動が発生し、死傷者を出した事件である。この先頭に立ったのがドラビダ進歩連盟であり、マドラース州議会にかなりの議員を送りこんだ上で、北インド人による南インド支配反対、ヒンディー語帝国主義反対といったスローガンをかかげている。ドラビダ進歩連盟の最終目標は北インドと分離したドラビダスターン（ドラビダ国）の独立に置かれている。こうした分裂的な動きは、十数年におよぶ会議派政治の失敗の一端を物語っているけれど、同時にネルー時代にたまっていた不満が政治過程に公然と流され始めたという点で、次のパンジャービー－スーバの設置とも関連して注意すべきものがあった。一九六六年、パンジャーブ州にはシーク教

1) 憲法では、一五年後にヒンディー語を主要公用語に、英語を補助公用語に切りかえることになっていた。反対運動が激しいので、政令をもって英語使用を当分の間認めることになった。

徒による単一の州であるパンジャービースーバ（パンジャーブ州）がヒンディー語地域を排除して設置された。これはシーク教徒の狂信的なグループがアカーリー運動の名のもとに推進したものである。第一次大戦直後、パンジャーブのシーク教徒の農民は有名なアカーリー（不滅）運動を展開し、反帝国主義と反封建主義の運動史に輝かしい記録を残している。同じくシーク教の教義の回復をうたいつつも、パンジャービースーバを実現した今回のアカーリー運動は現代インドの統一と発展の上でガンとなるものであった。何よりも、シーク教を統一原理とする集団の結合の仕方は非宗教国家をたてまえとしてきた、会議派の方針と対立することになる。この政治体制のもとでヒンドゥー―パンジャービー、つまり、シーク教徒と同一のパンジャービー語とその文化を共有するヒンドゥーは少数集団としての処遇を受けることになるからである。

もう一度くりかえすと、いま述べた保守反動勢力は独立後に成立した会議派政権の直接的な恩恵のもとに成長してきたものである。この勢力は政府による内外の進歩的な諸政策を巧みに利用するか、または、特定の政策のなかの盲点《もうてん》を活用して進出してきたものである。ドラビダ進歩連盟の要求や行動をとりあげ、会議派政権の言語政策その他の強引さ、性急さをたたくことは無意味ではない。しかし、このような組織が無視しえない政治的活動を開始するにいたった、社会的な背景を検討し、民族統一をはばむ傾向を打破する道を見いだすことが一層重要なはずである。ドラビダ進歩連盟の活動に関連して、南インドの一部知識人と民衆が、会議派政府に対して不満や批判を持つにいたった背景には、独立後もヒンドスターニーとグジャラーティーの両ブルジョアジーが支配的な地位にある会議派政権がその政治、経済、文化の諸政策の面で北インド重点主義、つまり北インド重視の方針をとってきたことによるのである。

深まりゆく体制的危機

会議派政権のもとにあるインドの政治体制、つまり議会制民主主義の体制は一九五九年いらい急速に危機的な様相を深めて今日にいたっている。しばしば共産主義に基づく中国の社会発展と、議会制民主主義に基づくインドの発展との比較が話題にされている。もちろん、それぞれがおかれてきた歴史的な条件の差を無視した上で、性急な結論を出してみても何ら意味はない。しかし、何が今日のインドの体制的な危機を導き出しているのか、いくつかの目安を立ててみることは、インドの現代を正しく把握する上で決定的な意義をもつ。

かつてネルーはインドの中央集権化の現状を肯定して「わたくしとしてはインドに解体的な諸傾向が存在している理由から中央政府が強力であることを希望している。中央政府はこうした傾向を統制し、抑圧するほど強大でなければならない…。だが、わたくしたちはできるかぎりの力をつくして地方の創意性《イニイシアチブ》を発展させるべきである。」と語ったことがある(一九五六年)。ネルーの指摘する解体的な諸傾向のなかには、特定の宗教集団の活動なり、特定のカースト集団の行動なりが含まれていることは容易に想像できる。しかし、中央政府の強大な権限は、つねにネルーの考える枠内で行使されるとはかぎらない。両刃《もろは》の剣ということもある。五九年七月のインド大統領によるケララ州共産党政府の解散問題が適例である。一九五七年四月、第二回総選挙に基づいて成立した州共産党政府は、ナンブーディリーパード首相のもとにただちに共産主義革命に着手したのではなく、インド国民会議派の一連の急進的な方針を代行して実行してきていた。ケララ州では会議派は野党にまわった。この会議派勢力は州共産党政府を打倒するために、放火、殺人、暴行という、ありとあらゆる手段を講じた。州会議派勢力により作り出された混乱を会議派中央政府は大統領支配という武器で「収拾《しゅうしゅう》」した。理由としては、州政府が事態を収拾する能力を持たないとされた。州政府自体が本格的に暴力の制圧に乗りだしたとすれば、混乱は州政府と中央政府との間の事実上の戦闘行為にまで発展したであろう。ケララでは共産主義者がマハートマー＝ガンディーの非暴力的抵抗を、会議派党員《コングレスメン》が暴力的行動をそれぞれ採用していた。対外的な危機と並んで、国内的な危機の第一の鐘がならされたのである。ネルーの「地方の創意性の開発」は民主主義擁護の名のもとに抹殺《まっさつ》されたのである。

体制的な危機の第二の指標は食糧危機である。一方で中央集権化を強力にしながら、きわめて重要な土地改革の実施は州政府にゆだねられた。州政治が地方のボス勢力のくい物にされる場合が普通であることはネルーも心得ていたはずである。前にも述べたようにニューデリーで討議された革命的な土地改革構想は州政

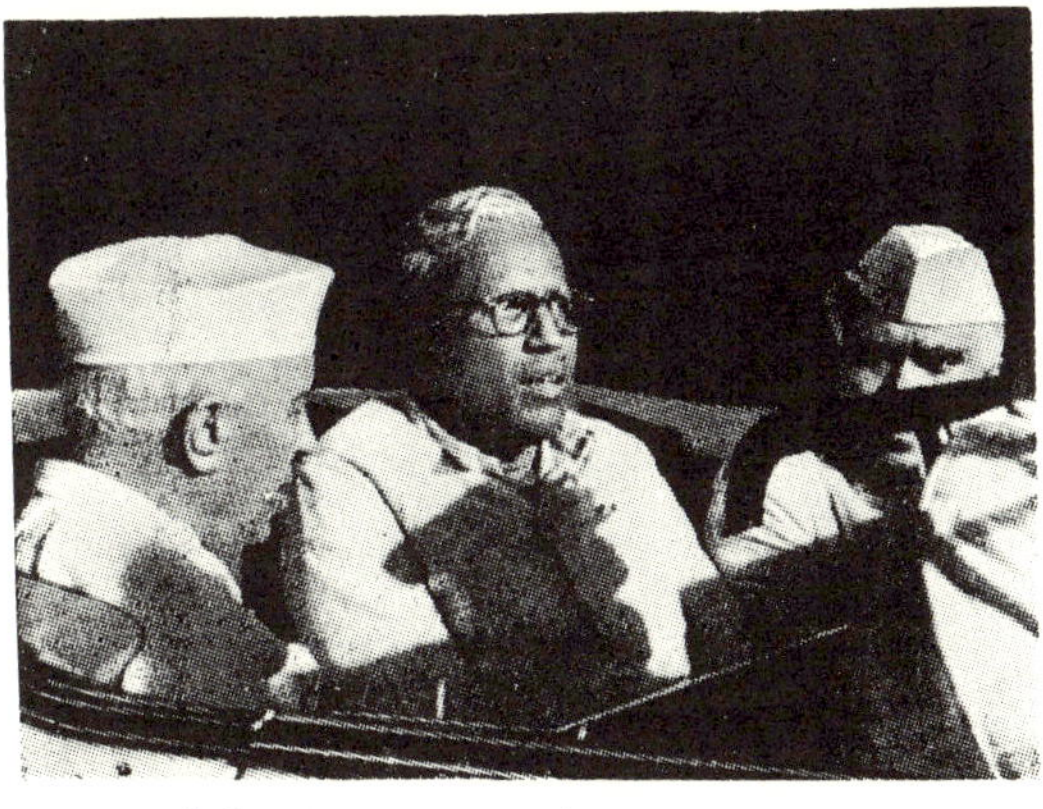

車上のネルーとナンブーディリーパード

府におろされると、すこしの例外は別として大半は骨抜きにされてしまった。州政府から地方、地区、村へと下部機構におろされるに従って、地主階級の権限は増大しており、上からの指令にたいするサボが公然と行なわれた。村の最高機関であるパンチャーヤットと呼ばれる農会では地主がハバをきかせ、貧農・雇農を初めとする下層農民の要求は、パンチャーヤットについに反映されないでいる。鳴り物入りで宣伝された国土開発事業も、アメリカ仕立てのパイロット計画も、技術改良、肥料、資金提供の面で、地主階級の生産向上のてこ入れにはなっても、下層農民の生活向上という基本的な問題には結合して行かない現状にある。

なるほど、日本式農業がインドの各地に導入され、単位面積当たりの米の収穫量はかつての数倍となった、といわれている。しかし、元来、生産量が低いところでの話である。そのうえ、日本式農業の実験も、地主制度に寄生《きせい》するか、地主制度を暗黙《あんもく》の前提にして進められているかぎり、収穫量の局地的な増加を期待できても、全体として、この方法に夢をかける日本人の青年たちの善意は現実の推移によって遠からぬ日に裏切られてしまうだろう。もっと正確にいえば、こうした方式自体、地主制度の打倒のために血みどろの歩みを進めてきた、インド農民運動の障害ないしは敵対物《てきたいぶつ》とさえなるであろう。食糧危機の打開は政治的な独立いらいのインドの最大の課題である。しかし、ネルー政権としては、土地改革を不徹底なものにしたままで、もっぱら、アメリカの食糧「援助」をアテにしている状態である。この食糧輸入のために支払われた巨大なルピー貨はアメリカ側の名儀でインド国内に積み立てられ、今日、その使用方法がインド内部で深刻な政治問題と化している。このようにして、インドの食糧危機の打開は地主制度の廃止をてことする土地改革の遂行にあり、この方法いがいに眠っている農業の生産力を解放する道は存在していない。

このほか、インドの政治体制を危機におとし入れている要因はたくさんある。たとえば、統計が示すように五九年いらいアメリカの対インド投資は飛躍的に増大し、インド経済の帝国主義への依存度は年々たかまるばかりである。一部には、五九年いらい、ネルー政権はアメリカを先頭とする新植民地主義の代理人になったという議論が出されている。注目すべき見解である。第三次五ヵ年計画（六一年四月〜六六年三月）の段階には、インドの発展にとって明るい話はほとんどなかった。ネルーからシャーストリーに政権が代わっても、足踏み状態は変わらなかった。慢性的な外貨危機はシャーストリー内閣を引き継いだインディラ＝ガンディー内閣の頭痛のタネであり、しかも六六年四月から第四次五ヵ年計画を実施しなければならない。しかし、現実には計画経済の指導権は、インディラ＝ガンディー内閣の手から離れて、アメリカ、イギリスを初めとする債権国側の手中に移ったとさえいえるようである。六六年四月一日から第四次計画は実施されていないのである。そこでインド政府が行ないうることはルピー貨の対外交換率を切り下げる――しかも、アメリカの新会計年度の開始にあわせて――という、身をけずる措置であった(一九六六年六月)。この六〇年代インドの体制的な危機は、一九四七年八月いらいの独立・半封建社会が半独立・半封建社会に段階的に移行したことを意味した。五九年・六〇年を境にして在来の政治的な独立は極度に不安定な状況に突きおとされたのである。会議派政権は大資本家階級と地主階級によって左右される段階にはいった。

シャーストリー首相

ネルーの遺産と勤労大衆の選択　一九六四年のネルーの死は独立後のインドの一時代の終わりを意味していた。すでに述べたように、会議派政府のもとにおける政治史は一九五九年を境にして大きく暗い方向にむかうことになった。一九六一年末に行なわれたポルトガル領ゴアの解放はネルー政権の最後を飾る反植民地闘争となった。しかし、五九年を転機とするネルー政権自体の動脈硬化現象はもはや救いがたいものがあった。死に先き立つ数年間はネルーの生涯で最悪の時期であったといえよう。

ネルーの死後、シャーストリーが首相の座についたけれど、シャーストリー首相の「業績」といえばインド－パキスタン紛争を残した以外になんら特筆することはない。かれがタシケントで客死した時、みずからは何の預金も財産も家族のものに残していなかったことが広く知られた。たしかに、この点に関するかぎり、たとえば日本の保守党政治家の場合とは決定的に異なっている。しかし、人命と莫大な金額を浪費したインド－パキスタン紛争を事前に阻止するためにシャーストリーはあらゆる手段を講じたであろうか。停戦が成立したとき、シャーストリーは涙を流したという。

その政治生活の質素さ、その性格からにじみでてくる素朴さは尊いものである。しかし、シャーストリー自身、対パキスタン紛争で使用した巨大なエネルギーをインド農村の恐るべき貧困の絶滅になぜむけることができなかったのであろうか。飢饉という一九世紀的な死の影にたいして会議派政府は果たして全力をあげて対決したのであろうか。新しく選ばれたインディラー＝ガンディー首相の下でも会議派政府はきわめて悲観的な将来を描きだそうとしているかに見える。

それではネルーが現代のインドに残した遺産は何であろうか。ここでは、何よりもまず反帝国主義闘争を民族的指導者として進めたことを指摘しておきたい。会議派のもとにあって、一九三〇年代いらい民族独立運動の先頭に立ち、インドの政治的な独立を達成した点で、すでにその足跡は不滅のものである。イギリス帝国主義にたいする長期にわたるネルーの闘争の記録はインド現代史の叙述のなかから、こぼれ落ちることはないであろう。また、藩王制の打倒に見られる反封建主義闘争はインドの民主主義的な発展への舗装道路を用意したものであった。この政治行動は議会制民主主義を実現していくための準備段階をなしていたのである。きわめて大まかにいえば、今述べた二点が記録されるべき遺産なのであろう。

同時に、その遺産を別の角度から検討してみることも一層重要である。第一に、ネルーの全生涯はインド現代史の曲折に密接にかかわってはいるけれど、インド現代史そのものでは必ずしもないということである。マハートマー＝ガンディー──→植民地インドの時代、ネルー──→政治的独立の時代、といったアミーバ的な図式化は、この際、徹底的に検討される必要がある。こうした発想や図式化が現代インドを歴史的に把握することをいかに妨害してきたことか。一方では、ガンディーからネルーへの政治指導の移行は一九三〇年代の半ばに行なわれると考えられるのであるが、他方では、ガンディーが政治行動をおこした第一次大戦という時点から、時を同じくして、勤労大衆を主力とする民族の解放運動が進んでいた事実に注意することである。もちろん、このことは勤労大衆の動きとガンディーやネルーの活動とを機械的に切り離すべきである、と提案しているのではない。ガンディーやネルーの思想と行動がそのままインド現代史の全発展にすりかえられる可能性と現実性とに苦言を呈しているにすぎない。

第二に独立後の議会制民主主義を楯とする共和国政治が残した悪しき遺産である。一口にいえば、中央集権化の強化と多民族的な発展の阻止ということである。中央集権化とは中央政府の行政権があまりにも強大すぎて州分権主義が見殺しにされていることであり、これが各州を構成する民族の平等な発展にブレーキをかけている。さらに驚くべきことは小選挙区制、つまり一選挙区一議席というイギリス議会主義の伝統をそのまま輸入することによって、インド国民会議派は万年与党の座にいすわることを当然としている。これでは野党勢力を最初から黙殺することを前提にした議会制民主主義の擬制《ぎせい》[1]であると批判されてもいたしかたない。インド衆議院の議員数をとりあげて見るとき、会議派と第二党である共産党との間には、文字通り天と地の開きがあるけれども、その大きな理由の一端は実はこの小選挙区制に求められるのである。

ネルーの死後、インド共産党はいかなる状態にあるのだろうか。六四年一〇月、中ソ論争の余波をうけて

1) 実質はちがうのに、そうみなしたり、みせかけたりすること。

党はソ連派と反ソ連派の二つの党に分裂した。ソ連派は都市の労働者の間に勢力を持つが、反ソ連派は都市労働者もさることながら、農民運動の中に拠点を持っている。ソ連派の指導者としてはS・A・ダーンゲーがおり、反ソ連派のインド共産党の指導者としてはE・M・S・ナンブーディリーパードやA・K・ゴーパーランなどが挙げられる。ソ連派が民族民主主義戦線を通じて社会主義への平和的な移行を展望しているのに対して、反ソ連派は人民民主主義戦線の結成を掲げる一方、反帝国主義、反独占と反封建主義の民主主義革命を提起している。反ソ連派は一般に中国派であるといわれているが、その綱領や行動形態を考察するかぎり、いわゆる中国派とはいえない。問題は、分裂以後、両党がイデオロギー的にも組織的にも依然として歩み寄ろうとする気配《けはい》がほとんどみられないことである。インド・パキスタン紛争、食糧危機、物価の値上り、アメリカの進出という、深刻な状況が進むなかで、インドの進歩的な勢力は言語に絶する困難な課題に直面している。しかも、会議派政権は両共産党、わけても反ソ連派の共産党を中国派に仕立てることによってさまざまな弾圧政策の対象としてきている。

ネルーは精いっぱい戦い、しかも現実の発展に裏切られて死んでいった。そのきらめくような生涯の言動の中から、また、独立後十数年におよぶ現代インドの歴史の中から、現代インドの大多数を占める働く民衆は、何を継承し、何を発展させ、何を創造して行くであろうか。

インド史年表

＊本年表は内藤雅雄・中村共編著『南アジアの歴史』有斐閣、二〇一三に搭載の「南アジア史年表」に主に依拠して作成した。

西暦	年譜
〔古代〕	
前二六〇〇～前一八〇〇	インダス文明がパキスタン・インダス川流域（ハラッパー、モヘンジョダロ）とインド・グジャラート州（ロータル、ドーラーヴィーラー）に開花
前一五〇〇頃	前期ヴェーダ時代（半農半牧社会）、アーリヤ人がインド北辺へ
前一〇〇〇頃	後期ヴェーダ時代（定住農耕社会）、アーリヤ人がガンジス川流域へ
前八〇〇頃	鉄器使用の開始
前四八〇頃	仏教を開祖したブッダ（仏陀）没（前五八〇頃～）
前四七七頃	ジャイナ教を開祖したマハーヴィーラ没（前五四九頃～）
前三二六頃	アレキサンドロス大王のインド侵入
前三一七頃	マウリヤ朝の成立
前二六八頃	アショーカ王の即位
前二世紀頃	『バガヴァッド・ギーター』（神への歌）成立
前一世紀～八世紀	エローラー＝アジャンターの石窟群の形成
一世紀	南インドにチョーラ朝など諸王朝が隆盛
二世紀～三世紀頃	『アルタ・シャーストラ』(実利論)成る。著者カウティリヤはマウリヤ朝の宰相といわれる
三世紀頃	叙事詩『ラーマーヤナ』成立
三二〇年	グプタ朝が興される
五世紀頃	叙事詩『マハーバーラタ』成立
四〇一～四一〇	中国の法顕のインド訪問

五世紀中頃	ビハールにナーランダー僧院が建立
七世紀以降	南インドにバクティ（神への傾倒）信仰の拡大
六二九～六四五	玄奘のインド訪問、帰国後『大唐西域記』を著わす
六四二年頃	西と東のチャールキヤ朝が興る
〔中　世〕	
九六二	アフガニスターンにガズナ朝が興る
一〇世紀末～一一世紀初	ガズナ朝軍が北インドへの侵入
一一世紀～一二世紀	タミルのラーマーヌジャによりバクティ信仰の拡大
一二〇六	奴隷王朝が樹立
一三世紀末	マルコ・ポーロがインドを訪れる
一三三三～四二	イブン・バットゥータがインドに滞在
一三九八	ティムール軍がデリー攻撃、トゥグルク朝の崩壊
一四六九～一五三八	グル・ナーナクを開祖とするシク教の展開
一四九八	ヴァスコ・ダ・ガマがインド（カリカッタ）を訪れる
一五一〇	ポルトガル、ゴアを攻略
一五一八頃	北インドのバクティの指導者カビール没（一四四〇頃～）
〔近　世〕	
一五二六	バーブルがデリーにムガル朝を興す
一五五六	アクバルがムガル朝を継承。六五にジズヤ（人頭税）を廃止
一六〇〇	イギリス東インド会社を設立
一六一二	イギリスが西部インドのスーラトに商館を開設
一六二八	ムガル朝のシャージャハーンが即位
一六五三	アーグラーにタージ・マハルが完成
一七〇〇	東インド会社がベンガルで土地を領有

一七五七	プラッシーの戦いでベンガル太守軍が英軍に撃破される
一七六五	東インド会社がベンガル、ビハールとオリッサで徴税権を獲得
一七六七	第一次マイソール戦争（第二次・一七八〇、第三次・一七九〇）
一七七四	カルカッタ（コルカタ）に最高法院、ついで一八〇一にマドラス（チェンナイ）と一八二三にボンベイ（ムンバイー）にそれぞれ設置
一七七五	第一次マラーター戦争（第二次・一八〇三、第三次・一八一七）
一七九三	ベンガル管区に永代ザミーンダーリー制の導入
一八一八	マドラス管区にライーヤットワーリー制の導入
一八二八	ラーム・モーハン・ローイがカルカッタでブラフモ協会を設立
一八二九	サティー（寡婦殉死）禁止法が施行
一八三三	英帝国内で奴隷制が廃止
一八三八	後年『タイムズ・オブ・インディア』紙（ボンベイ）に発展する新聞創刊
一八四五	第一次シク戦争（第二次・一八四八）
一八四九	イギリスがシク軍を撃破し、パンジャーブを併合
一八五〇	ダージリングで茶のプランテーション経営が開始
〔近代〕	
一八五四	ボンベイでインド人綿紡績工場が創設
一八五七・五・一〇	インド大反乱が北インドを中心にインド各地に発展（～一八五九）、この年、カルカッタ、ボンベイとマドラスに大学創設
一八五八・一一・一	イギリスのヴィクトリア女王がインドの直接統治
一八六五・三・二	カルカッタ＝ロンドン間に電信開通
一八六八・二・二〇	『アムリタ・バーザール・パトリカー』紙（カルカッタ）が創刊
一八七〇・四・二	プネー大衆協会が創設
一八七五・四・一〇	ダヤーナンド・サラスワティがアーリヤ協会を設立

一八七八・九・二〇	『ザ・ヒンドゥ』紙（マドラース）が創刊
一八八五・一二・二八	ボンベイでインド国民会議派（以下会議派）の創立大会（～三〇）
一八九二・七・六	ダーダーバーイー・ナオロージーがイギリス下院議員に初選出
一八九三・一一・一二	インドとアフガニスタンとの国境線デュアランド・ラインが確定
一八九七・五・一	ヴィヴェーカーナンダがラーマクリシュナ・ミッションを創立
一九〇五・一〇・一六	イギリス人カーゾン総督がベンガル分割を実施（～一九一一）
一九〇六・一二・二六	会議派大会が四大決議を採択（～二九）、同一二・三〇にダーカーで全インド・ムスリム連盟（以下ムスリム連盟）が創立大会
一九〇八・三・一	ターター製鉄鋼会社が創立
一九〇九・五・二五	モーリ＝ミント改革、この参事会法で宗教別分離選挙が導入
一九一一・一二・一二	カルカッタからデリーへ遷都
一九一三・一一・一三	タゴールが、作品『ギーターンジャリ』でノーベル賞を受賞
一九一四・七・三	シムラ会議で英領インドとチベットとの境界線マクマーン・ラインが確定（マクマホンは誤読）
一九一六・一二・二六	会議派とムスリム連盟との間でラクナウー協定成る
一九一九・四・六	会議派指導で非暴力的抵抗（サッティヤーグラハ）運動が開始、同年三・一八に弾圧法ローラット法を施行、また四・一三にアムリットサルで英軍による市民虐殺事件
一九二〇・一〇・一七	タシケントでＭ・Ｎ・ローイを中心にインド共産党の創立、なお地元インドのカーンプルで同党創立大会。同年一〇・三一にボンベイで全インド労働組合会議が創立
一九二二・二・一二	警察署焼き討ち事件を理由に非暴力的抵抗運動が停止
一九二四・一・三一	ボンベイの紡績労働者がゼネ・スト（～三・二五）
一九二五・九・二七	中部インドでヒンドゥー国家主義を主張する国家奉師団（議長Ｋ・Ｂ・ヘドゲーワル）が結成
一九二七・二・一〇	ネルーがブリュッセルで開会の被抑圧諸民族会議に出席。同年一一・一一インドの全政党会議がサイモン委員会のボイコットを決議
一九二九・一二・二九	会議派がインドの目的として完全独立要求の決議

一九三〇・一・二六	会議派が「独立の誓い」を採択し、第二次非暴力的抵抗運動の開始、同三・一二には「塩の行進」を開始
一九三一・九・一八	日本は柳条湖事件を機にアジア・太平洋戦争を開始
一九三五・八・二	インド統治法（一九三五年法）が施行。同年インド歴史学会が発足
一九三六・四・一一	ラクナウーで全インド農民組合が創立、同翌日に同じ場で全インド進歩主義作家協会が発足
一九三七・七・七	盧溝橋事件を機にアジア・太平洋戦争が一層の拡大。同一二・三〇にV・D・サーヴァルカルが、ヒンドゥー大連盟の議長演説で「ヒンドゥー＝ムスリム二民族」論を提唱
一九三八・九・一	会議派が医療使節団を中国へ派遣（団長M・アタル博士）
一九三九・八・二一	ネルーが初の中国訪問
一九四〇・三・二三	ムスリム連盟大会でパキスタン（清浄な国）独立の要求決議、議長M・A・ジンナーはヒンドゥー＝ムスリム二民族論を提唱
一九四一・三・二	会議派スバース・C・ボースがドイツと日本に亡命。同一二・八日本は米英に宣戦布告し、全アジアを敵のアジア・太平洋戦争が開始（～四五・八・一五）
一九四二・三・二三	日本軍が英領アンダマーン＝ニコーバール諸島を占領（～四五・八・一五）。同八・八会議派はイギリスに対して「インドから出て行け」決議
一九四三・一〇・二一	S・C・ボースがシンガポールで自由インド仮政府の樹立を宣言。
〔現　代〕	
一九四六・七・七	インド制憲議会議員選挙、同九・二に会議派の最高指導者ネルーを首班とする中間政府成る
一九四七・七・一八	インド独立法が施行、同八・一四にパキスタン、翌八・一五にインドが独立
一九四八・一・三〇	マハートマー・ガンディーがヒンドゥー国家主義者に殺される。同二・四にスリ・ランカーが独立。同五・七に第一次印パ戦争
一九四九・一・二〇	アジア一九カ国会議がデリーで開催。同九・三〇にインドは中華人民共和国を承認
一九五〇・一・二六	インド憲法が施行。同一〇・三にインドで太平洋問題調査会国際大会が開催
一九五一・四・一	第一次五ヵ年計画実施。同一〇・二一：五第一回の連邦議会下院の議員選挙が二一歳以上の男女有権者により実施（～五二・二・二四）。同時に州議会議員選挙も行われる

一九五二・六・九	インドは連合国とは別個に日本と講和条約を締結
一九五三・一〇・一	初の言語州アーンドラ・プラデーシ州（テルグー語）が誕生
一九五四・四・二九	中印間にパンチ・シール（平和五原則）が成る
一九五五・四・二四	インドネシアのバンドンで、ネルー参加のアジア・アフリカ会議が開催され、平和一〇原則が採択
一九五六・一一・一	言語別州再編成法が可決。
一九五七・二・二四	第二回総選挙（～三・一五）。同一〇・三ネルーが初の訪日
一九五九・三・三一	チベットのダライ・ラマがインドに亡命
一九六〇・五・一	ボンベイ州がマハーラーシュトラ、グジャラートの両州に分割
一九六一・九・一	第一回非同盟諸国首脳会議がネルー、ナーセルやチトーの出席のもとにベオグラードで開催（～九・六）
一九六二・一〇・二〇	中印が国境地帯で軍事衝突し、インド軍が敗北
一九六三・五・一〇	インド公用語法が施行（六五・一・二六以後も英語と並びヒンディー語が確定）
一九六四・五・一〇	ネルー没（一八八九・一一・一四～）。同八・一九にインド大衆連盟指導の世界ヒンドゥー協会が発足。さらに一〇・三一インド共産党（マルクス主義）がカルカッタで新発足（～一一・七）
一九六五・九・六	第二次印パ戦争
一九六六・一・二四	ネルーの娘インディラ・ガンディーの首相就任。同年一一・一にパンジャーブ州が、パンジャーブとハリヤーナー両州に分割
一九六九・一一・一四	ネルー大学の創設
一九七一・三・二五	バングラデシ解放戦争（～同一二・三）
一九七二・一二・一一	北インドで住民による環境保護のチプコー（樹木の丸抱え）運動
一九七五・六・二六	インディラ・ガンディーが非常事態宣言。
一九七七・六・二一	西ベンガル州にインド共産党（M）のジョティ・バスを州首相とする政府が発足
一九七八・六・四	西ベンガル州で村・群・県にまたがる三層地方自治体制度が導入
一九八三・三・七	デリーで第七回非同盟諸国首脳会議が開催

一九八四・六・五	インド軍がアムリットサルのシク教の総本山「ゴールデン・テンプル」（黄金寺院）を制圧。同一〇・三一にインディラ・ガンディー首相がシクの衛兵に射殺される。また一二・三に中部インドのボーパール市で毒ガス流出事件がユニオン・カーバイド社で発生
一九八五・一二・八	ダーカーで南アジア地域協力連合（サールク）が当初七カ国で結成、その常設事務局はネパールのカトマンドゥに設置（八七・一・一六）
一九八七・二・二〇	ミゾーラムとアルナーチャル・プラデーシの両州が誕生
一九八九・三・二八	第六一次憲法改正で男女有権者年齢が一八歳に引き下げ
一九九〇・八・七	V・P・シング首相が後進的諸階級を対象とする留保制度を発表
一九九一・五・二一	ラージーヴ・ガンディーがタミル人女性テロで暗殺される
一九九二・一二・六	インド人民党によりアヨーディヤーのバーブリー・マスジッド（礼拝堂）が破壊
一九九五・三・一四	グジャラートとマハーラーシトラ両州でインド人民党政府。また ウッタル・プラデーシ州でダリット（指定部族）出の大衆社会党政府が樹立
一九九七・七・二五	ダリット系K・R・ナーラーヤナランがインド大統領に就任
一九九八・一二・一〇	アマルティヤ・セーンがノーベル経済学賞を受賞
一九九九・九・四	第一三回総選挙でA・B・ヴァジペイ首相の下で国民民主連合政権が成立
二〇〇一・一〇・一一	V・S・ナイポールがノーベル文学賞を受賞
二〇〇二・二・二七	グジャラート州で列車火災を機にヒンドゥーによるムスリムの虐殺
二〇〇四・四・二〇	第一四回総選挙でマンモーハン・シングの率いる新政府成る。同一・六イスラマーバードでのサールク首脳会議が南アジア自由通商協定に署名
二〇〇七	アフガニスタンのサールク加盟が承認
二〇〇八・五・二六	南アジア大学の新キャンパスの定礎式がデリーで挙行
二〇一一・三・一三	インド国勢調査で総人口は一二億一〇〇〇万人と発表
二〇一四・四	第一六回総選挙でナレンドラ・モーディーの率いるインド人民党が圧勝。

参考文献

Jawaharlal Nehru, *Soviet Russia*, Bombay. 1929.

Glimpses of World History, Allahabad, 2 vols. 1934～5.

父が子に語る世界歴史（全6巻）
大山　聡訳　みすず書房　昭40～41

An Autobiography, New York, 1941.

China, Spain and the War, Allahabad, 1940.

The Unity of India, New York, 1941.

The Discovery of India, Calcutta, 1946.

インドの発見（上・下）　辻直四郎・
飯塚浩二・蠟山芳郎共訳　岩波書店　昭28～31

Independence and after, Delhi, 1949.

A Bunch of Old Letters, Fombay, 1958.

忘れえぬ手紙より（全3巻）
森本達雄訳　みすず書房　昭36～40

India's Foreign Policy, Delhi, 1961.

評伝ネール（「中央公論」）
蠟山芳郎　中央公論社　昭26・7

ジャワーハルラール・ネルー――その政治的指導の背景――（「世界」）荒　松雄　岩波書店　昭39・8

Zakaria, R., *A Study of Nehru*, Bombay, 1959.

Brecher, M., *Nehru—a Political Biography*, Oxford, 1959.

Mukerjee, H., *The Gentle Colossus—a Study of Jawaharlal Nehru*, Calcutta, 1964.

Ram Gopal, *Bharatiya Rajniti—Viktoriya se Nehru tak*, Banaras, 1954.

Balabushevich & Dyakov, eds., *A Contemporary History of India*, New Delhi, 1964.

Gankovsky & Gordon - Polonskaya, *A History of Pakistan*, Moscow, 1964.

さくいん

—完—

E

補論　ネルー没後五〇年

中村平治

このたびネルー没後五〇年に際して、私の最初の著作『ネルー』が再刊されることになった。書物の刊行以来、すでに五〇年近くが経過し、対象のインドもこの間に変化を遂げ、その変動過程は現に進行中である。そこで原著はそのまま残されているが、ここでは今日のインドまたは今日の南アジアが、私たちに提起している諸問題に絞り込みをかけ、論点を整理してみたい。そこで考察は⑴ナショナリズム論の展開、⑵インド型民主主義の発展と⑶南アジア地域協力連合に三分して進められる――以下文中では敬称略。

⑴　ナショナリズム論の展開

まず私が再三取り上げてきた〝ネルーとナショナリズム〟について自己反省の立場を示す。近時私は「ナショナリズム論の周辺」（『日本古書通信』日本古書通信社、一〇一九号、二〇一四・六）の執筆と、渡邉光一（インダス会会長）との対談「インドの現状とネルー」（『東京外国語大学インダス会』会報、一二号、二〇一四・七・一五）を持つ機会があった。この両者でネルーの〝ナショナリズム論〟が示す普遍性を改めて強調している。

ところで松原　宏（一九一〇〜一九四五、唯物論研究会）には、訳著『イギリス帝国主義下の印度』（ジョウン・ビーチャム著　一九三五）もあるが、彼は資本主義の発展期の問題である民族問題を前提に、その帝国主義段階における植民地問題への弁証法的な展開を論じ、「真の民族主義者は国粋主義者たることにはなく、国際主義者でなければならない」と指摘した『民族論』（三笠書房、一九三六）。ここには民族主義と国際主義とを内在的に架橋する理念型が示されている。同時に先達の江口朴郎や上原専禄の研究に加えて、黒田俊雄（一九二六〜

に一九九三、日本中世史）による、民族・民族文化を完結した整合体として捉えるのではなく、それらを矛盾関係において理解する必要性を提起（「民族文化論」『黒田俊雄著作集』法蔵館、一九九五）した。黒田は松原の問題提起の延長線上にあった。

先の渡邉との対談で、私はネルーの一九五〇年の太平洋問題調査会での演説―本書『ネルー』の「ネルーの歴史観」部分を比較されたい―に見える、「本来は一国における健全で進歩的な解放勢力の民族主義が、時として解放後に不健全で、逆行的、反動的または拡張主義的な勢力となる」を引用した。その渡邉は「このネルーの分析を読むと、当時アジアを中心とする植民地解放闘争という舞台での民族主義が普遍性を帯び、いま現に世界で起きている紛争の理解にも十分な示唆を与えている。私には大きな驚きであって尖閣・竹島両問題への中・韓・日の姿勢や、ウクライナ問題へのロシア・ウクライナの立場を分析する上で、参考になりますね」と発言している。

ここで〝ナショナリズム〟について現在私が思料している論点を整理しておきたい。ネルーはナショナリズムに進歩と反動の両極を組み入れた上で、いずれを選択するかは個々の人間の側に託している。当然のことながら、ナショナリズムが諸刃の剣であるからには、二者択一の行為は否応なしに一種の責任を私たちに与え、その認識の回避と欠落は私たちを不作為犯の世界へ導く。この二者択一論に依拠する対話は、実はインド古典『バガヴァッド・ギーター』（一説では紀元前二世紀に成立）が簡潔に展開している弁証法に他ならない。この『ギーター』は特定の人物による著作ではなく、何世紀にもわたって弁証法の特性を把握し、発展させてきたインド人エリートと民衆の英知の所産であり、西欧古典の世界や西欧哲学者たちがそれを独占していたのではなかった。

(2) インド型民主主義の発展

インドの政治体制を一言で表現すればインド型民主主義と呼ぶことができる。本来この名称はインドのメディアの用語であって、ネルー型民主主義（Nehruvian Democracy）と称されてきた背景がある。しかし政治体制に個人名を冠するのは不適切であるとの立場から、新訳語として採用した。年表でも明らかなように、インドは現在一二億人を越える超大国である。この大国は単一の連邦制国家という形態をとりながら、行政上、その基底に複数の州政府と連邦直轄領とが機能している。国家元首の大統領は全州議会議員の選挙人団により選ばれ、また連邦政府の首相は連邦下院議員による投票で決まる。

この国家が法治国家であることは云うまでもないが、行政、司法と立法の三権分立が確立され、行政面で全国的な機構であるインド文官職、インド警察職とインド外交職―いずれも公務員試験に挑戦する必要がある―に与えられている権限は大きい。また司法面では各州裁判所の上に最高裁判所（首都デリー）があり、立法面では上院・下院からなる連邦議会と複数の州議会（議員任期はともに五年）から構成されている。こうした制度の最下部に村・郡と県におよぶ三層代議員制度も機能面に差はあれ、全インドに設けられている。なお各レベルの議員選出は直接選挙制のもとで実施されてきた。一九八九年、ラージーウ・ガンディー首相時代に、第六一次憲法改正によって、インドの男女有権者の年齢が一挙に二一歳から一八歳に引き下げられ、主権者全体の政治参加の状況は一変した。

次にインドは一党支配国家ではなく、多党制国家である事実に注意したい。インド国民会議派は独立インドにおける政権党、つまり与党たる地位を不動のものとしてきた。しかしながら一九九〇年代以降、会議派以外の地域政党が陸続として登場する新事態が生まれた。それは会議派自体の全国政党からの後退を示す場合があり、長いこと会議派の有力拠点であった北インドのウッタル・プラデーシ州では、一九九五年、ダリット（不可触民）カーストを代表する大衆社会党の政治舞台への進出があった。また第一五回総選挙（二〇〇九）では西ベンガル州の与党インド共産党（マルクス主義）が敗北し、草の根会議派が代わって登場した。さらに二〇一四年総選挙では会議派が各地で敗北し、ナレーンドラ・モーディーの率いるインド人民党が勝利した。インド政治の動きを適切に把握するためには、人民党を含めた諸政党の活動に対して十分な注意が必要とされる。

ここで民衆の政治参加の問題を公害・環境問題の面から論ずべきである。一九八四年一二月、中部インドの州都ボーパールで、殺虫剤製造を目的とする、多国籍企業ユニオン・カーバイド社工場から毒ガス雲が発生した。それによる即死者は三千人とも一万五千人とも云われ、今日でもその犠牲者の死が絶えない。会社側は一人あたり三百ドルから五百ドルの賠償金を支払ったが、アメリカ本国からの真犯人の引渡しは実現していない。このボーパール事件は世界の公害史上、最悪の事例となった。他方で環境破壊問題への女性の果たしてきた役割がある。具体的には一九七〇年代に北インドのウッタラーンチャル州で展開された、チプコー・アーンドーラン（森林伐採を拒否する運動）がある。伐採による表土喪失と洪水の発生の因果関係を知った地域住民は、女性など家族ぐるみで伐採人の立ち入りを阻止した。運動の指導にはガーンディアン（ガンディー主義者）のスンダルラール・バフグナがいた。またボンベイ出身の女性活動家メーダー・パートカルは、ターター社会科学研究所で社会事業修士号を取得し、一九八七年にＮＢＡと略称されるナルバダー・バチャーオ・アーンドーラン、つまりナルバダー河流域住民救済運動を開始した。これは工業化促進を命題とするマディヤ・プラデーシ、マハーラーシュトラとグジャラートの諸州政府が世銀支援のダム建設を進めた結果、地域住民が水没被害を受けることになった。これに対決したのがパートカルや女性作家のＡ・ローイであった。事業は主催者側の強行措置で一部実現され、運動は一種の条件闘争になった。女性たちは揃って家から出て、建設反対運動に参加した。パートカルは「私達が採用する武器は運動や闘争であって、兵器ではない」と言明した「ナルバダー河流域住民救済運動」（中村）『サルボダヤ』（日印サルボダヤ交友会二〇一一、２・３合併号）。

(3) 南アジア地域協力連合

地域共同体と言えば、人は直ちにアセアン（東南アジア諸国連合）を指摘するに相違ない。日本の場合、対米関係のしがらみが東アジアでの共同体実現を阻んでいる。ところでサールク（ＳＡＡＲＣ、The South Asian Association for Regional Cooperation）は、一九八五年に南アジア七カ国の首脳によりバングラデシュの首都ダーカーで発足した。サールクは二〇〇七年にアフガニスタンの新規加盟を承認した結果、全体で八ヵ国から成り、総人口は約一六億人である。その憲章ではかの中印間のパンチ・シールつまり平和五原則が採用され、とくに印パ関係を念頭に置いて二国間問題は協議事項から外す旨が賢明にも明記されていた。印パ間では分離独立後に数次にわたり戦争が発生した。サールク事務局はネパールの首都カトマンドゥに設置され、首脳会議や閣僚会議の開催が定期的に持たれてきた。

このサールク活動の重点事項として、南アジア自由通商協定（二〇〇四）の締結があり、諸国間の経済交流は著しい発展をみた。当然の事ながら、この活動領域は多岐にわたっているが、環境問題についての諸行動は注目に値する。その第三回首脳会議（一九八七）では南アジアにおける森林伐採による環境破壊に加えて、洪水・かんばつ・山崩れ・台風や津波といった自然災害が取り上げられ、地球規模の海面上昇やその影響が指摘されていた。しかもその第一〇回首脳会議（一九九八）では、国連の活動にかかわる、九七年採択の気候変動についての京都プロトコール（議定書）の意義を支持する立場を明らかにした。この議定書問題に日本は無関心であった。

教育・研究の分野で注目すべきはインド政府の支援のもとでの南アジア大学の創設である。サウと略称されている南アジア大学（ＳＡＵ、South Asian University）は、二〇一〇年に首都デリーでスタートした。その五年前のサールクの第一三回首脳会議（二〇〇五）の場で、時のインド首相マンモーハン・シングは大学創設構想を披露した。〇八年、当時の外務大臣（現大統領）のプラナーブ・ムカージーはデリー南郊の大学建設予定地で定礎式にのぞんだ。そのスタートの年、開発経済学の分野で修士号取得者が初めて誕生した。専攻課程にはコンピューター応用学もあり、続けて生物工学、社会学、国際関係論、法律学や応用数学のコースが新設され、体制上では修士課程に加えて博士課程が設けられている。そこで専任スタッフの間で論議されている新大学における方法論上の焦点は、旧宗主国のアカデミーではしばしば無関心に放置される、複数領域にわたる学律、つまり学際的なディシプリンの開発と強化の問題である。

おわりに‥

その昔、進んだ欧米と遅れたアジアという単純二分法が流行ったことがある。現在のインドを中心とする南アジアを考察するとき、いまや一歩進んだ南アジア世界と、何歩も遅れをとる日本を含めた東アジア世界との対比の意義が問われている。本書に皆さんと共有できるものがあるとすれば著者冥利に尽きるものである。

末尾になるが、編集部の中沖　栄さんにはたいへんお世話をかけたことに感謝する。

〔参考文献〕近年刊行されたものを中心に紹介する
Akbar, M. J., Nehru : *The Making of India*, *Viking*, London, 1988
Hill, Christopher V., South Asia : *an environmental history*, ABC-CLIO, Santa Barbara, 2008
Oberst, Robert C. & Others, *Government and Politics in South Asia*, Westview Press, 2014
『新版　南アジアを知る事典』（辛島　昇他編）平凡社、２０１２
『インド現代史』上・下（ラーマチャンドラ・グハ著、佐藤　宏訳）明石書店、２０１２
『南アジアの歴史―複合的社会の歴史と文化』（内藤雅雄・中村編著）有斐閣、２０１３（２００６）

ネルー■人と思想32　　定価はカバーに表示

1966年11月10日　第1刷発行©
2014年9月10日　新装版第1刷発行©

・著　者　…………………………中村《なかむら》　平治《へいじ》
・発行者　…………………………渡部　哲治
・印刷所　……………………法規書籍印刷株式会社
・発行所　…………………株式会社　清水書院

〒102-0072　東京都千代田区飯田橋3-11-6
Tel・03(5213)7151～7
振替口座・00130-3-5283
http://www.shimizushoin.co.jp

検印省略
落丁本・乱丁本は
おとりかえします。

CenturyBooks

Printed in Japan
ISBN978-4-389-42032-1

CenturyBooks

清水書院の〝センチュリーブックス〟発刊のことば

近年の科学技術の発達は、まことに目覚ましいものがあります。月世界への旅行も、近い将来のこととして、夢ではなくなりました。しかし、一方、人間性は疎外され、文化も、商品化されようとしていることも、否定できません。

いま、人間性の回復をはかり、先人の遺した偉大な文化を継承して、高貴な精神の城を守り、明日への創造に資することは、今世紀に生きる私たちの、重大な責務であると信じます。

私たちがここに、「センチュリーブックス」を刊行いたしますのは、人間形成期にある学生・生徒の諸君、職場にある若い世代に精神の糧を提供し、この責任の一端を果たしたいためであります。

ここに読者諸氏の豊かな人間性を讃えつつご愛読を願います。

一九六六年

清水棟二

SHIMIZU SHOIN